ILUSTRACIONES DE
NES VUCKOVIC

MAGIA
PARA EL DÍA A DÍA

RITUALES, HECHIZOS Y POCIONES
PARA UNA VIDA MEJOR

SEMRA HAKSEVER

cincotintas

ACCIÓN
+
INTENCIÓN
=
MAGIA

CONTENIDOS

BIENVENIDO A MI LIBRO

Han sido diversos los caminos que me han llevado a aceptar a mi bruja interior, aunque todos han tenido un denominador común: el de dedicarme a hacer que la gente se sienta bien.

Durante una década trabajé de estilista *freelance* en el mundo de la moda, luego me pasé dos años estudiando un grado en psicología, pero lo dejé: demasiadas mates, estadísticas y ratas para un alma espiritual como la mía. Luego me escapé con el circo (o algo así) y me dediqué unos cuantos veranos a viajar por ahí en una autocaravana llamada *Destiny*, llevando de gira un espectáculo de comedia inmersiva con mi mejor amiga.

Siempre me he interesado por todo lo metafísico, consciente de que las sincronicidades son señales del universo, he sintonizado con mi intuición y me he sentido muy conectada con el poder de la luna.

Luego se produjo una sincronicidad —que ha ejercido un enorme efecto en mi vida— cuando encontré en un mercadillo callejero un libro sobre magia a través de los aromas. Me quedé fascinada al descubrir el uso de aromas en los hechizos como ofrenda a los espíritus. Aquel fue, como diría Oprah Winfrey, mi momento «¡Ajá!».

Me entusiasmé al ponerme a aprender sobre las propiedades mágicas de hierbas, plantas, flores, tallos, semillas, raíces y aceites, todos ellos regalos de la Madre Tierra que, una vez mezclados y quemados, generan potentes señales que se emiten al universo.

Amén de sus poderes, está también el reconocimiento de que se llevan usando miles de años en ceremonias sagradas. Me maravilla pensar que la canela se empleaba en la China de la antigüedad para bendecir templos, que los egipcios quemaban incienso y mirra como ofrenda a sus deidades y que las brujas usaban alcanfor y tomillo para consagrar sus utensilios. Muchas veces me pregunto hasta qué punto podríamos aprovechar hoy la energía de la magia si se hubiese seguido practicando con la misma asiduidad hasta ahora. Recomiendo encarecidamente que te informes del linaje de las plantas que estés usando para ayudarte a hacerte una idea de su historia mágica y sus muchos superpoderes cuando prepares tus mezclas.

Valoro de verdad la filosofía de la magia del bienestar y creo firmemente en el poder de propagar vibraciones cósmicas.

Confío en que estos hechizos y rituales logren empoderarte como lo han hecho conmigo.

SANADORA

SABIA

CONOCEDORA

MEDICINAL

NATURAL

HISTORIA DE LA MAGIA

Hace miles de anos, a quienes practicaban la brujería se los tenía por sanadores, por los sabios de la comunidad, mujeres y hombres poseedores de un profundo conocimiento de las propiedades mágicas y medicinales de las plantas, y dotados de una potente conexión con los animales. Eran los doctores en medicina de su época, que trabajaban en estrecha relación con los ciclos de la naturaleza y celebraban los cambios de estación.

Se ejecutaban rituales para curar y proteger, para ahuyentar el mal, para deshacer maldiciones y para atraer la buena fortuna y el amor. Aquellos hechiceros y hechiceras también experimentaban con la hipnosis y la proyección astral, y lo hacían elevando su conciencia y sus capacidades espirituales, lo que les permitía trabajar con ritos mágicos para conseguir mayor percepción psíquica y tener visiones del futuro.

En aquellos tiempos, si ibas a ver a una bruja o hechicero con motivo de alguna dolencia, te preparaba una mezcla curativa de hierbas para mejorar tu salud y la acompañaba de un sortilegio escrito, para tu protección y para prevenir enfermedades ulteriores. Resulta interesante descubrir que muchas de las plantas y hierbas de las que se tiene constancia que usaban las brujas para curar dolencias también se empleaban con el fin de alejar las energías negativas. Por aquel entonces, esos conocimientos y maestrías suponían una enorme amenaza para la nueva religión de la cristiandad: pensar que la magia podía alterar el curso de la voluntad de alguien habría dado a entender que existía algo más grande que Dios.

CÓMO USAR
ESTE LIBRO

He dividido el libro en dos partes. La primera, «Iniciación», contiene los fundamentos básicos. No hace falta leerla entera antes de empezar, pero es conveniente familiarizarse con todo ello.

La segunda parte comprende todos los hechizos y pociones. Conocer los instrumentos que vas a necesitar y los montajes rituales (por ejemplo, «Cómo construirse un altar», página 21) te será de utilidad para la mayoría de los hechizos que contiene este libro.

TEN SIEMPRE PRESENTE QUE DOS DE LAS COSAS MÁS IMPORTANTES A LA HORA DE CREAR UN HECHIZO SON TU INTENCIÓN Y TU INTUICIÓN.

Céntrate en aquello que estás a punto de invocar y sé consciente de que el hechizo que vas a crear y las vibraciones que vas a mandar tienen el poder de cambiar por completo tu vida. Enviarás una señal de energía al universo y el acto de ejecutar un ritual plantará una semilla en tu subconsciente, lo que a su vez te situará en la frecuencia adecuada para que recibas aquello que estás pidiendo.

Después de realizar determinados hechizos es posible que notes algunas sincronicidades especiales. Cuando eso ocurra, tómatelo como que el universo te manda una señal para decirte que todo va bien, que el universo te respalda y que la magia empieza a surtir efecto.

Si tu intuición te dice que algo no está bien o tienes alguna duda sobre un hechizo que estás a punto de hacer, recurre al péndulo (página 34) para orientarte.

Si en alguno de los hechizos hay un ingrediente que no te funciona, ya se trate de un aroma que no te gusta o con el que no conectas bien o algo que te pueda provocar alergia, no lo uses. En ese caso, no dudes en recurrir al «Glosario de hierbas» (página 150) y sustitúyelo por algo que te atraiga más (truco extra: el romero funciona como sustituto de muchas hierbas si lo usas poniendo toda tu intención en ello).

ICONOS
DE LAS FASES LUNARES

He incluido un icono de la fase lunar en cada uno de los hechizos; de ese modo, sabrás qué momento del mes es el más propicio para cada hechizo y poción. Pero conviene que tengas en cuenta que si has de lanzar un conjuro ahuyentador y resulta que hay luna nueva, no debes dejar que eso te lo impida. A veces, las cosas no pueden esperar y se hace necesaria la intervención urgente de un hechizo.

| NUEVA | CRECIENTE | MEDIA | LLENA | MENGUANTE |

PARTE 1

INICIACIÓN

MATERIALES
BÁSICOS

Ponte una indumentaria empoderadora
Siempre recomiendo vestirse con algo que nos haga sentir empoderados cuando nos disponemos a poner en práctica un hechizo o un ritual. Al hacerlo le damos trascendencia a la ocasión y reconocemos que estamos dispuestos a poner toda nuestra intención en algo importante. Atender un poco a la indumentaria nos puede ayudar a centrarnos y a ser más conscientes del momento. Con ello nos preparamos para llevar a cabo un acto ritual que va a ejercer un enorme efecto positivo en nuestra vida, así que el forro polar desgastado que usas para andar por casa no va a estar a la altura de las circunstancias.

No obstante, si vas a practicar la magia sobre la marcha o de manera improvisada, te sugiero que cierres los ojos y que te visualices enfundándote en tu túnica cósmica con motivos metalizados (y no te olvides de quitártela cuando hayas acabado el hechizo).

Adopta un estado mental adecuado
Conviene estar lo más tranquilos y concentrados que sea posible antes de llevar a cabo un hechizo, de modo que dedicar previamente un rato a la meditación te preparará mentalmente para ello. Una excelente técnica de respiración consiste en sentarte cómodamente, cerrar los ojos y luego hacer unas cuantas inspiraciones y espiraciones suaves por la nariz: cuenta hasta cinco en las inspiraciones y hasta siete u ocho en las espiraciones. Repítelo unas diez o quince veces.

Puedes optar por poner música mientras ejecutas tu magia o por hacerlo en silencio. Hazlo de la manera que te sea más cómoda y como mejor te concentres.

Encantamiento y bendición

Esto consiste en cargar el hechizo con tu intención; es el momento de poner las manos sobre los ingredientes de tu poción o hechizo y bendecirlos con tu intención. Concéntrate en tu poder interior, siente que la luz y la energía brotan de tus dedos para bendecir el hechizo, visualiza el resultado e imagina cómo te vas a sentir cuando tu magia se manifieste en la realidad.

Mezclar y combinar

Cuando mezclas una poción o preparas un hechizo, recuerda que siempre debes remover los ingredientes en el sentido de las agujas del reloj si quieres atraer algo a tu vida, y en sentido contrario cuando lo que quieres es repeler o ahuyentar algo.

Hablaré mucho de mezclas y combinaciones en este libro. Siempre que lo menciono, me refiero a mezclar en un mortero. Algunos ingredientes son difíciles de moler del todo, pero conviene, dentro de lo posible, intentar molerlos hasta convertirlos en un polvo fino.

Recuerda siempre que la intención es el ingrediente más potente

Es importante que le demuestres voluntad al universo y que, además, tienes un plan de actuación. Si ves que en esto flojeas un poco, puede que sea un buen momento para sacar una carta del tarot o de los ángeles o para usar el péndulo (página 34).

Materiales

mortero y mano
tarros o frascos de vidrio
velas de varios colores
cristales
(Nota: asegúrate, en caso de que añadas los cristales
a un té, un tónico, un aceite o un baño, de que se trata de
piedras pulidas y no en bruto, ya que estas últimas pierden
lustre al entrar en contacto con los líquidos.)
cordeles de varios colores
pergamino o papel encerado
discos de carbón vegetal
pinzas de cocina
incensario/caldero/plato de cerámica resistente al calor
sal o arena
brújula

y...
buenas intenciones

Podrás encontrar en tu cocina casi todas las hierbas que menciono en este libro o comprarlas en el supermercado o en internet. En los hechizos siempre uso hierbas secas, a menos que especifique lo contrario. Para limpiar las hierbas secas antes de usarlas en un hechizo, estruja un poco de canela en rama y quémala en un disco de carbón (instrucciones completas en la página siguiente) y luego sahúma las hierbas (esto puede hacerse también con resina de copal o con incienso y mirra).

Una vez hecho esto, puedes guardarlas con los cristales. Si no tienes muy claro qué cristales usar, el cuarzo transparente siempre es un buen recurso.

GUÍA DE USO
DEL CARBÓN ENCENDIDO

Muchas de las mezclas de incienso que figuran en este libro se tienen que quemar en un disco de carbón encendido y para calentarlo necesitarás unas pinzas de cocina pequeñas. Si no dispones de ellas, puedes sujetarlo con unas tijeras, unas tenazas o algo similar. No lo hagas nunca con las manos, ya que el carbón encendido se calienta mucho y no querrás quemarte (sobre todo antes de hacer un hechizo). Para lograr un mejor aislamiento, dispón una capa generosa de sal o arena en el plato resistente al calor que vas a usar antes de encender el carbón.

Con la ayuda de las pinzas, sujeta el disco de carbón sobre una llama durante unos 15-20 segundos; sabrás que está listo cuando veas que el carbón empieza a chisporrotear. Deposita entonces el disco de carbón en el recipiente que has preparado con arena o sal, que puede ser un incensario, un plato de cerámica resistente al calor o un caldero de hierro colado.

Pon siempre tu mezcla de incienso sobre el disco de carbón pizca a pizca, cuidando de no cubrirlo por completo. Puedes ir así añadiendo toda la mezcla. El disco de carbón normalmente aguanta encendido una media hora. Generará mucho humo, por lo que no conviene hacerlo cerca de las alarmas contra incendios.

LOS MEJORES ACCESORIOS PARA HECHIZOS

Aquí tienes unos cuantos artículos que es genial tener a mano para conferirles superpoderes a tus hechizos.

Agua de luna

El agua de luna es una especie de agua bendita para quienes adoran a la luna. Cuando hay luna llena es el momento perfecto para aprovechar al máximo sus brillantes rayos y empaparse de su energía.

El agua que se ha cargado bajo la luna llena puede usarse para cualquier cosa que te parezca que pueda necesitar un poco de energía y poder lunar. Puedes lavar con ella tus cristales, añadirla a hechizos para darles un punto extra de potencia, bebértela, incorporarla al agua del baño o ponerla en tu altar.

NECESITARÁS:
una botella o jarra de vidrio con agua (asegúrate de que se trata de agua filtrada si tienes intención de bebértela)
cristales de tu elección (opcional)

1. Llena de agua una botella o jarra de vidrio y déjala en el exterior, bajo la luz de la luna, para cargarla de superpoderes lunares. Añade unos cuantos cristales al agua para conferirle todavía más poder.
2. Métela en casa antes del amanecer.

Sal negra

Esta es una sal multipropósito que se puede usar para conferirles superpoderes a los hechizos ahuyentadores, como accesorio ideal para hechizos de protección y para repeler el mal.

NECESITARÁS:

sal (la sal marina es la mejor, pero puedes usar sal de cualquier tipo)
carbón de un disco de carbón encendido o ceniza de salvia quemada
cuchara
cuenco para mezclar y un frasco para guardarla

Mezcla la sal y el carbón en un cuenco, removiéndolos con una cuchara y con la mano izquierda en sentido contrario a las agujas del reloj. Mientras encantas la sal, pronuncia en voz alta: «¡Yo te ahuyento, márchate, vete!». Guárdala en un tarro.

Sal de luna

Parecida al agua de luna, es una forma de cargar la sal bajo los potentes rayos de luz de luna que incrementará el poder de la sal en tus hechizos. Puedes añadirla al baño, usarla en rituales de limpieza, en hechizos de protección y hasta emplearla para cocinar.

NECESITARÁS:

sal (la sal marina es la mejor, pero puedes usar sal de cualquier tipo)
cristal de cuarzo transparente
cuenco para mezclar y un frasco para guardarla

1. Deja un cuenco con sal y un cristal de cuarzo transparente en el exterior, a la luz de la luna, para obtener una sal protectora supercargada.
2. Éntrala en casa antes del amanecer y guárdala en un frasco.

Bolsas mojo

Las bolsas mojo son unos saquitos para talismanes originarios del *hoodoo*, una forma de magia derivada del folclore africano. La bolsa puede contener hierbas, cristales u otros amuletos especiales. Pueden usarse para propiciar suerte, amor, prosperidad, protección y el despertar psíquico. Muchas de las mezclas de incienso de este libro se pueden emplear con una bolsa mojo. Consulta el «Glosario de hierbas» (página 150) o el «Árbol familiar de cristales» (página 32) para elaborar tus mezclas.

NECESITARÁS:
*una bolsita de fieltro del color que corresponda
con tu hechizo (página 31)*

Si no dispones de una bolsita ya cosida, puedes hacértela tú.

NECESITARÁS:
*2 retales de tela de 7 x 7 cm
aguja e hilo (del mismo color que la tela)
un trozo de cordón o cordel de unos 20 cm*

Cose las dos piezas de tela por uno de sus lados. Alisa la tela y coloca el trozo de cordel a lo largo del costado más largo. Hazle un dobladillo a la tela para cubrir y cerrar el cordel y luego cósela a todo lo largo para que quede sujeto. Dobla la tela por la mitad por el lado que ya has cosido y luego cose la parte inferior y el otro costado, justo hasta llegar al cordel, de modo que puedas tirar de él para cerrar la bolsa. Dale la vuelta a la bolsa para que queden las costuras por dentro y ya puedes introducir en ella tus talismanes. Cuando lo hagas, habla con ellos: diles lo que significa cada uno y qué es lo que van a traerte.

Nota: mete siempre un mechón de tu cabello en la bolsa para que mantenga la conexión contigo.

Antes de cerrar la bolsa, dedica un momento a concentrarte y visualiza qué es lo que quieres que haga por ti y, mientras lo haces, sopla dentro de la bolsa para meter en ella tu intención y aquello que estás visualizando. Luego tira con firmeza del cordel para cerrarla, dale tres vueltas alrededor del cuello de la bolsa y hazle un nudo para que quede bien sujeto. Es conveniente llevar siempre encima la bolsa, así que puedes sujetarla con un imperdible por el interior de la cintura del pantalón o falda para que esté en contacto con tu piel.

Qué meter en la bolsa mojo: hierbas, cristales, talismanes, magnetitas, imanes, una hoja de laurel, un trozo de papel u hoja de laurel con un sigilo dibujado (página 26) o con palabras escritas relacionadas con lo que quieres que te traiga la bolsa mojo. También, pelo de gato negro para la buena suerte y monedas.

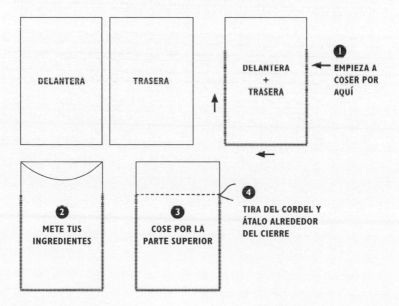

CÓMO DESHACERSE DE LOS RESTOS DE UN HECHIZO

Si has formulado un hechizo para atraer o convocar algo a tu vida, entierra los restos (las cenizas de un papel que hayas quemado, por ejemplo) en el jardín delantero de tu casa o déjalos en un tarro al lado de la puerta de entrada.

Si el hechizo es para propiciar una nueva oportunidad o para abrir un nuevo camino, deshazte de los restos en una encrucijada donde se crucen cuatro caminos. Esto puede ser algo complicado de hacer, de modo que si no tienes cerca un cruce de estas características, puedes deshacerte de los restos enterrándolos cerca de un árbol de hoja perenne.

Si es para algo que te gustaría conservar, entiérralos en el jardín, en el patio trasero o en una maceta puesta fuera.

Si se trata de algo que quieres ahuyentar, entiérralo en algún lugar alejado de tu casa; si son cenizas de papel de un hechizo ahuyentador, échalas al inodoro y tira de la cadena.

CÓMO CONSTRUIRSE UN ALTAR

El altar es tu espacio sagrado, una zona especial en la que puedes sentarte y meditar, y preparar y poner en práctica tus hechizos y pociones. Para construirlo puedes optar por algo sencillo o bien tirar la casa por la ventana: puede ser un sitio dedicado de manera permanente al altar o consistir en un montaje temporal sobre la mesa de la cocina, con una vela encendida, por ejemplo. Tú decides.

Ideas de cosas para poner en el altar: cristales, velas, cualquier talismán de la suerte que hayas ido guardando, incienso, monedas, flores u otra clase de ofrendas (dulces, tarta o frutos secos), cartas de los ángeles, fotos de alguien que sea especial para ti o imágenes de cualquier dios, diosa, ángel u otra deidad con la que sientas una conexión especialmente empoderadora.

La única regla que sugiero seguir es mantener el altar alejado de cualquier aparato eléctrico. Cuando te sientes ante él, intenta tener apagado el móvil. Soy consciente de que siempre existe la tentación de grabar el ritual y publicarlo en Instagram, así que si conectarte a las redes sociales y compartir tu ritual con amigos es algo importante para ti, hazlo. Pero intenta limitarte a sacar una foto al principio de la sesión y luego apaga el móvil para que no interfiera y para que puedas sumergirte por completo en el momento presente.

Puede que también quieras que en tu altar estén representados los elementos. Hay cuatro elementos, más el elemento espíritu, que representan las cinco puntas del pentagrama:

NORTE = TIERRA	Para esto puedes usar un cuenco con sal, arena o tierra de algún lugar especial (por ejemplo, de debajo de uno de tus árboles favoritos).
ESTE = AIRE	Para esto puedes usar una pluma o humo de incienso.
OESTE = AGUA	Aquí puedes poner un poco de agua con cristales de cuarzo transparente dentro o, mejor todavía, agua de luna (página 16).
SUR = FUEGO	En esta dirección puedes poner una vela encendida.
QUINTA PUNTA	Representa el espíritu o lo invisible, que está por encima, por debajo y a todo nuestro alrededor.

También puedes usar cristales para representar los elementos. Estos son algunos de mis favoritos:

TIERRA	Turmalina negra/obsidiana/peridoto
FUEGO	Ámbar/cornalina/jaspe rojo
AGUA	Amatista/piedra lunar/celestina/crisocola
AIRE	Ojo de tigre/topacio/lapislázuli

CÓMO TRAZAR
UN CÍRCULO MÁGICO

El círculo mágico es un espacio protegido y sagrado en el que puedes crear tus hechizos. Es un espacio mágicamente cargado donde separar y proteger tus prácticas mágicas de aquello que acontece en tu vida cotidiana y que podría interferir en la magia que pretendes llevar a cabo.

Siempre me ha parecido tranquilizador el hecho de que, cuando estoy en mi círculo mágico, me siento al instante de un humor positivo, con buenas vibraciones y como si estuviese en otro mundo. Puede que hasta notes un hormigueo o que se produce un leve cambio de temperatura.

También en esto puedes echar el resto o hacer algo simple, lo que te resulte más cómodo y te haga sentirte más empoderado. Recuerda siempre que este es un lugar completamente seguro.

Aquí tienes los pasos necesarios para trazar un círculo. Puedes optar por seguir solo el primer paso, los dos primeros o los tres, o puedes crear tu propia versión.

PASO 1 Empieza siempre haciendo una limpieza del espacio con un poco de salvia o palo santo. Luego puedes optar por visualizar que te rodeas de una burbuja de luz protectora o...

PASO 2 Si dispones de agua de luna y sal de luna (páginas 16 y 17), puedes mezclarlas y salpicar con el agua resultante a tu alrededor en el sentido de las agujas del reloj; normalmente se empieza mirando hacia el este. Y, si lo deseas...

PASO 3 Alarga las manos o apunta un cristal (para esto son perfectos el cuarzo transparente o la amatista) en la dirección en la que quieres empezar y ve girando hacia los cuatro puntos cardinales para invocar a los espíritus, diciendo:

ESTE	*«Espíritus del aire, os invoco para que me protejáis dentro de este círculo»*
SUR	*«Espíritus del fuego, os invoco para que me protejáis dentro de este círculo»*
OESTE	*«Espíritus del agua, os invoco para que me protejáis dentro de este círculo»*
NORTE	*«Espíritus de la tierra, os invoco para que me protejáis dentro de este círculo»*

Ve girando alrededor del círculo en sentido horario y pronuncia estas palabras en cada uno de los puntos cardinales.

Cuando hayas terminado, no te olvides de cerrar el círculo. Esto se hace volviendo a girar, ahora en sentido contrario a las agujas del reloj, y agradeciéndoles su presencia a los espíritus de cada una de las direcciones. También puedes optar por hacer sonar una campana o un cuenco musical, o hacer sonar una caja de cerillas en dirección a cada uno de los puntos cardinales.

Es posible que a veces no tengas espacio suficiente para trazar un círculo. No pasa nada, ya que hay muchas otras opciones: puedes encender una vela en cada dirección, visualizarte dentro de un círculo resplandeciente de luz protectora o imaginar que tienes a tus guías y tus espíritus animales sentados a tu alrededor.

SIGILOS

Un sigilo es un poderoso símbolo que puedes crear para representar tu intención. Esta imagen se puede tallar en una vela o dibujar en un papel o una hoja de laurel con la tinta del color adecuado (página 31). La idea es crear un símbolo que puedas recordar, de tal modo que se te quede grabado en el subconsciente.

Para empezar, tendrás que poner por escrito tu declaración de intenciones. Hazlo con una pluma o boli que te guste y quema un poco de Mezcla de incienso de viaje astral (página 64) o prepara un poco de Té psíquico (página 63) para potenciar tu visión y tu creatividad. Cuando escribas tu declaración de intenciones, hazlo en tono positivo y escríbela como si ya lo hubieras conseguido: «Soy feliz», más que «Seré feliz». De este modo:

SOY FELIZ

Luego tacha las vocales y cualquier consonante que se repita.

SYFLZ

Empieza practicando en papel y dedica un rato a unir las letras y a moverlas de sitio; puedes ponerlas bocabajo o invertirlas en horizontal, como quieras. Puedes darle total rienda suelta a tu imaginación. Mientras dibujas, puede que te venga a la mente algún garabato que hagas habitualmente o puede que notes una energía que te lleva a añadir espirales o puntos al dibujo. Figúrate que observas tus dibujos con el tercer ojo (página 63), siente la energía y percibe un estremecimiento frío o caliente mientras dibujas. Crea un símbolo del que te enorgullezcas y con el que sientas una conexión, lo que te ayudará a recordar su forma. Cuando lo tengas listo, haz un dibujo definitivo.

Cuando ya tengas tu símbolo, para cargarlo sujétalo en las manos o ponlo debajo de un cristal y memoriza sus formas. También puedes cargar el sigilo bajo la luz de la luna. Asegúrate siempre de que has ungido tu sigilo con algún líquido corporal (sangre menstrual, saliva o fluidos sexuales) para incrementar sus superpoderes antes de quemarlo.

Puedes optar por bendecir tu sigilo con un aceite adecuado y luego quemarlo, por meterlo en una bolsa mojo (página 18) con tus cristales favoritos o por desmenuzarlo y añadirlo a una mezcla de incienso para darle superpoderes.

Nota: Estos símbolos son sumamente poderosos, por lo que puede que te sientas como si te hubieses tomado un tazón de café después de una sesión de creación de sigilos.

Aquí tienes unos cuantos ejemplos de sigilos que he creado para que te inspiren, pero te recomiendo que dediques un rato a crearte uno propio con el que sientas una buena conexión.

ESTOY EQUILIBRADO
(STYQLBRD)

TENGO BUENA
SUERTE
(TNGBSR)

ESTOY
PROTEGIDO
(STYPRTGD)

TRIUNFO EN TODO LO QUE EMPRENDO
(TRNFDLQMPD)

BOLAS DE ENERGÍA (MAGIA EN MOVIMIENTO)

Una bola de energía, o bola psi, es una acumulación de energía cósmica que puedes crear en las yemas de tus dedos (literalmente).

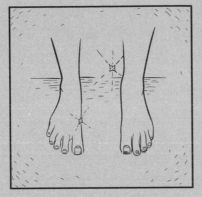

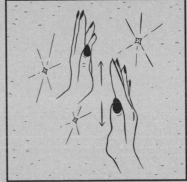

1 Para empezar, siéntate tranquilamente con ambos pies bien apoyados en el suelo; luego haz unas cuantas respiraciones suaves pero profundas.

2 Junta las manos en actitud de rezar y empieza a frotarlas con un ritmo continuado —ni muy rápido ni muy lento— durante unos 15-20 segundos.

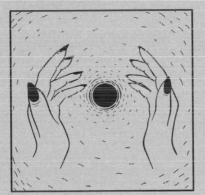

3 Empieza a separar las manos muy despacio. Deberías poder notar la energía entre las manos, así que empieza a darle forma de bola a esa energía. Juega con ella hasta que te parezca que tiene el tamaño adecuado. Concéntrate en tu intención (puede ser una energía curativa para ti o que quieras enviarle a alguien).

4 Sopla para mandar tu intención a la bola de energía y libérala hacia el universo.

CORRESPONDENCIAS MÁGICAS

Los días de la semana están relacionados con las vibraciones energéticas según estén alineados los planetas. Esto puede ayudarte a decidir qué día puede ser más propicio para llevar a cabo un hechizo o un ritual.

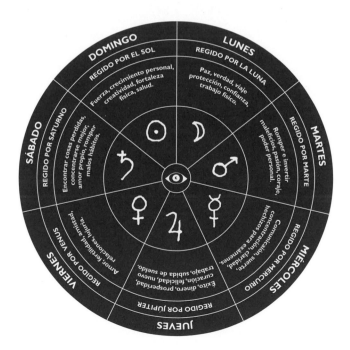

DOMINGO
REGIDO POR EL SOL
Fuerza, crecimiento personal, creatividad, fortaleza física, salud.

LUNES
REGIDO POR LA LUNA
Paz, verdad, viaje protección, confianza, trabajo físico.

MARTES
REGIDO POR MARTE
Romper e invertir maleficios, pasión, coraje, poder personal.

MIÉRCOLES
REGIDO POR MERCURIO
Comunicación, suerte, concentración para exámenes.

JUEVES
REGIDO POR JÚPITER
Éxito, dinero, prosperidad, curación, felicidad, nuevo trabajo, subida de sueldo.

VIERNES
REGIDO POR VENUS
Amor, fertilidad, amistad, relaciones íntimas.

SÁBADO
REGIDO POR SATURNO
Encontrar cosas perdidas, concentrarse mejor, amor propio, romper malos hábitos.

Los colores conllevan intensas frecuencias vibratorias que pueden ayudarte a conectar con tus intenciones. Sus significados simbólicos se usan en velas, bolsas mojo, tintas y cristales... incluso en esmalte de uñas y lápiz labial. El color es también un excelente instrumento para improvisar magia sobre la marcha, cuando no tienes tiempo de preparar un hechizo. Puedes cerrar los ojos y visualizar que determinado color rodea tu aura para ayudar a protegerte o para atraer algo que deseas. Estos significados son orientativos; si tienes alguna conexión personal con algún color y con su significado, te animo a que la explores.

NEGRO	Ahuyentar o repeler, romper maleficios, castigo.
AZUL	Calma, curación, meditación, paz, perdón, inspiración.
VERDE	Éxito, prosperidad, libertad, abundancia, dinero, buena suerte.
NARANJA	Ambición, coraje, suerte, entusiasmo.
ROSA	Romance, afecto, amistad, optimismo, devoción, curación emocional.
MORADO	Trabajo físico, hechizos de intuición, conexión espiritual, sabiduría.
ROJO	Amor, pasión, poder, atracción, rapidez de acción, fuerza de voluntad, coraje.
BLANCO	Limpieza, verdad, protección, nuevo comienzo.
AMARILLO	Creatividad, aprendizaje, comunicación, abrir puertas, concentración.

ÁRBOL FAMILIAR DE LOS CRISTALES

Me gusta pensar que todos mis cristales tienen un poco su carácter propio. Para relacionarlos, puedes ponerles nombres y asignarles personalidades. Aquí está mi árbol genealógico de cristales, compuesto por la mayoría de los que aparecen en este libro, con el que podrás recordar en qué te pueden ayudar.

TÍO
Labradorita

Le encanta lo metafísico, tiene poderes psíquicos y ha dedicado gran parte de su vida a desarrollar su intuición; le chifla tirarle las cartas del tarot a cualquiera. Hace poco asistió por primera vez a un retiro sobre plantas medicinales y entró en contacto con su tribu de una vida anterior.

TÍA
Amatista

La amatista es toda una señora con carisma. Es sanadora y empática, un poco hippy y pletórica de energía. Trabaja con personas que han sufrido traumas infantiles y con personalidades adictivas. Le encanta vestir de morado y es muy fan de Joni Mitchell.

MAMÁ
Cuarzo rosa

El cuarzo rosa es AMOR puro, incondicional y universal. Todos la respetan, sabe escuchar como nadie y da los mejores abrazos.

PRIMOS
Turmalina *Aventurina*

Es un poco el chico malote querido por todos. Su inquietante belleza tiene a todo el mundo colado por él. Siempre va enfundado en su chaqueta de cuero y con el pelo engominado hacia atrás. Es cinturón negro de judo y le encanta la filosofía de las artes marciales. Fuerte y con los pies en el suelo, es muy protector de su familia y sus amigos.

Nacido con estrella, siempre vence en las competiciones, le encanta apostar en las carreras de caballos y gana siempre. Tiene algo de embaucador y cuenta con la confianza suficiente para correr riesgos y lanzarse a emprender.

HIJA
Cuarzo ahumado

El cuarzo ahumado es el paradigma de la hermana mayor: si has estado cotilleando la cuenta de Instagram del chico que te gusta y te has puesto algo celosa, es la hermana que te tranquiliza. Se le da increíblemente bien brindar confianza cuando estás pasando un momento de inseguridad y siempre aporta los mejores consejos.

MEJOR AMIGO
Moldavita

Es todo un carácter, muy intenso y dominante. Es un viajero místico que desaparece durante largos periodos pero que siempre vuelve a aparecer justo cuando más falta te hace un poco de su sabiduría. Es un tipo directo, de una tosquedad amable, que puede parecer bastante violento e intimidante porque nunca esconde la verdad.

ABUELA
Crisocola

La crisocola es como uno de esos profesores míticos del colegio que recordarás toda tu vida: siempre te animaba, te ayudó a formarte el carácter, era un pozo de sabiduría, realmente amable y capaz de apaciguar los ánimos en cualquier circunstancia.

ABUELO
Lapislázuli

El lapislázuli es como ese abuelo que ayuda en la biblioteca del barrio desde que se jubiló de la abogacía. Es el intelectual de la familia, adora el canal Historia y hace un poco el papel de juez venerable. Es siempre muy sincero y cuando alguien está un poco inseguro sobre una decisión que tiene que tomar, recurre siempre a él.

PAPÁ
Ojo de tigre

El ojo de tigre es sin duda el padre de familia. Trabaja de psicólogo y es un hombre muy comprensivo y tolerante. Siempre presta su ayuda brindándote los mejores consejos prácticos cuando te guía a través de cambios positivos en la vida.

TÍO
Cuarzo citrino

El cuarzo citrino es coach personal de directivos y start-ups. Es «Don Estrategia», ayuda a la gente a reforzar sus capacidades mentales, a centrarse y a alcanzar sus objetivos.

TÍA
Jaspe rojo

El jaspe rojo es una dama superenergética. Es profesora de yoga, está llena de vitalidad y le encanta hacer meditación de mindfulness. Adora propagar vibraciones positivas.

Y SU HERMANA
Piedra lunar

La piedra lunar es la hermana/hija que se ha tomado un año sabático; le encanta viajar y trabajar de voluntaria en escuelas enseñando arte. Es sumamente creativa y tiene una imaginación desbordante.

PRIMO
Azabache

El azabache es uno de los miembros más tranquilos de la familia, un alma sensible y pacífica que disfruta del sosiego. Se dedica a la acupuntura para ayudar a personas con trabajos estresantes que necesitan que fluya mejor su energía.

PÉNDULO

Si notas cierto bloqueo o no sabes si es buen momento para formular un hechizo, usa el péndulo y este tablero para orientarte.

Si no dispones de péndulo, puedes emplear un collar, un colgante, atar un cristal a una cadena o ensartar una semilla de nuez moscada en el extremo de un cordel.

Antes de empezar: comunícale al péndulo en voz alta que le das total permiso para que te guíe con el fin de dar con la respuesta adecuada. Luego haz oscilar el péndulo sobre el tablero y deja que sea él quien te hable a ti.

Truco para salir del paso: si no tienes a mano el tablero y pasas por un momento de indecisión, puedes hacerle al péndulo una pregunta cuya respuesta sea sí o no. No tienes más que pedirle que te muestre qué dirección es sí y cuál es no, luego plantearle la pregunta y ver en qué dirección se balancea.

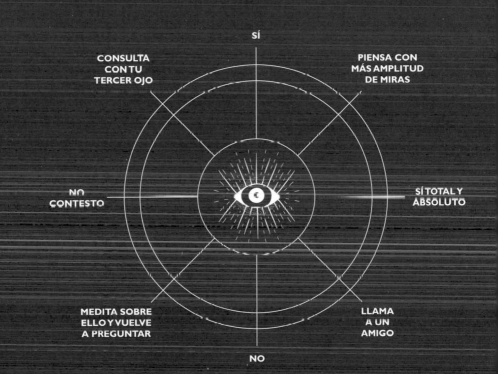

SÍ

CONSULTA
CON TU
TERCER OJO

PIENSA CON
MÁS AMPLITUD
DE MIRAS

NO
CONTESTO

SÍ TOTAL Y
ABSOLUTO

MEDITA SOBRE
ELLO Y VUELVE
A PREGUNTAR

LLAMA
A UN
AMIGO

NO

FORMULAR
HECHIZOS DURANTE
DETERMINADAS FASES
LUNARES LES APORTA
POTENCIA EXTRA

LUNOLOGÍA

EL CICLO LUNAR Y LOS HECHIZOS

Es muy fácil seguir el ciclo de la luna: solo tienes que descargarte alguna *app* que te informe de en qué fase lunar estás y sabrás cuándo conviene llevar a cabo determinados hechizos y rituales.

Luna nueva
Es el inicio del ciclo, el momento perfecto para plantar semillas y declarar intenciones, ya sea escribir la lista de acciones para lograr el éxito durante el ciclo o la invocación de cosas que te gustaría que se manifestasen y se hiciesen realidad. Plantea tus intenciones en una carta y da las gracias al universo como si ya hubieses logrado lo que pretendes. Puedes pedir cosas de todo tipo, grandes y pequeñas.

Luna creciente
A medida que crece la luna, también deberían crecer tus intenciones. Este es el momento de nutrir tus ideas y la fase ideal para formular hechizos de prosperidad. Si necesitas motivación, dibuja una flecha apuntada hacia arriba en una hoja de laurel y úngela con unas gotas de aceite de citronela, luego escribe una declaración de lo que te gustaría conseguir en esta fase. Esta es la época de emprender acciones, engrosar las ideas, aprender cosas nuevas, desarrollar tu autoconfianza y fomentar tu determinación.

Luna llena
Cuando la luna está llena es como si... ¡EL VOLUMEN ESTUVIESE SUBIDO A TOPE! Es como una batería cargada al máximo que emite energéticos rayos de luz. Esta es una fase cuyos superpoderes hay que aprovechar. Sí, es probable que en esta época notes una sacudida emocional y entres en modo LUNÁtico, pero intenta no preocuparte porque nos pasa a casi todos.

Trata de asumirlo de buen grado, sabiendo que te sientes así porque estás en conexión y sintonía con sus todopoderosas frecuencias. Ponte a todo volumen tu canción favorita y baila, mira la luna como si fuese una enorme bola de discoteca, eleva las manos hacia ella y ¡aúlla!

Para sacarle el máximo partido a esta fase, aprovecha para cuidar de tus cristales: déjalos a la luz de la luna para que se limpien y se carguen. Deja agua, hierbas y pociones al aire libre para que la luz de la luna las bendiga con su poder mágico. Si llueve, recoge el agua de lluvia para usarla en hechizos o mezclarla con un aceite esencial de sándalo y ungir con él tu cuerpo cuando necesites una dosis de vibraciones místicas lunares.

Conecta con la luna atrapando su reflejo en un cuenco con agua y luego, cuando te parezca que es el momento, mete las manos en el cuenco y deja que se empapen de la energía del agua de luna. Cuando notes que tienes cargadas las manos, elévalas hacia la luna para que se impregnen de su energía mientras dejas que se sequen al aire.

También, si estás pasando por un momento de máxima extenuación, dedica un rato a relajarte y a reflexionar sobre el último ciclo lunar y a darlo por cerrado y acabado. Es el momento ideal para pensar en aquello por lo que sientes gratitud, en lo que te ha hecho sonreír y reír, en quien te ha llenado el corazón de afecto y en aquello que te gusta de ti.

Luna menguante
Esta es la fase en la que la luna se ve más pequeña. Es el momento de hacer limpieza. ¿Hay alguna situación que te ronda por la cabeza? ¿Puedes minimizar cualquier patrón de pensamiento negativo que tengas? Busca y reconoce aquello que no te funciona y no te aporta nada.

Luna negra
Es la luna de la noche previa a la luna nueva, el momento perfecto de formular hechizos para ahuyentar males y de atar cabos sueltos. Limpia tu casa para el nuevo ciclo que va a empezar, date un baño limpiador y formula un hechizo de purificación.

LUNA LLENA Y HECHIZOS ASTROLÓGICOS

No dudes en usar cualesquiera hechizos que te parezcan adecuados para la ocasión; si necesitas un poco de orientación, recurre a la alineación astrológica. Cuando la luna llena recae en un signo del zodiaco, puede poner de relieve en qué áreas y energías conviene concentrarse. Ese podría ser un buen momento para intensificar la formulación de hechizos.

LUNA LLENA EN CAPRICORNIO

Capricornio aporta ambición y pone de relieve qué metas hay que marcarse. Sintoniza con el signo y plantéate con sinceridad qué herramientas necesitas para conseguir aquello que deseas que ocurra y para avanzar.

Escribe lo que quieres como si ya lo hubieras conseguido. O prepara un sigilo (página 26) y cárgalo poniéndolo a la luz de la luna con tus cristales.

Dado que se trata de la primera luna llena del año, date un baño ritual limpiador con una taza de sal del Himalaya, el zumo de un limón y unos cristales de cuarzo transparente.

Para formular un hechizo, quema astillas de sándalo y aceite esencial de pachuli y sahúma el sigilo o la lista escrita de tus intenciones. El sándalo bendecirá tus intenciones y las enviará al universo y el pachuli funciona como imán para las buenas vibraciones.

LUNA LLENA EN ACUARIO

Este es el periodo del año perfecto para que la luna llena te ilumine con sus rayos como un foco en un escenario. Dedica tiempo a reflexionar sobre lo que te funciona y lo que no. Identifica los hábitos que te están lastrando y procura cambiar aquellos patrones de energía que ya no te sirvan. Hazles un hueco a nuevos rituales que te ayuden a concentrarte y aclararte y que aporten felicidad a tu vida.

Muele en el mortero un anís estrellado y una pizca de artemisa y pon la mezcla en polvo en un cuenco con un cristal de cuarzo ahumado. Déjalo a la luz de la luna hasta el amanecer; luego esparce la mezcla cargada debajo de tu almohada y lleva encima el cristal hasta la siguiente luna llena. El cristal lo puedes usar para que te guíe hasta la siguiente luna llena (vale la pena de verdad escribir un pequeño diario para ver lo que ha acabado ocurriendo en ese ciclo).

LUNA LLENA EN PISCIS

Cuando la luna entra en Piscis es un periodo en el que las energías psíquicas alcanzan su culmen, por lo que resulta sin duda un buen momento para trabajar en abrir tu tercer ojo y tomar nota de aquello que ves. Prepara una mezcla de infusión para abrir el tercer ojo y tómate una taza antes de acostarte (ingredientes para una tetera).

NECESITARÁS:
2 cucharaditas de artemisa (no tomarla
durante el embarazo)
½ rama de canela
1 pizca de pétalos de rosa secos
1 cucharadita de mejorana seca

LUNA LLENA EN PISCIS (CONTINUACIÓN)

1. Mezcla todos los ingredientes poniendo en el té toda tu intención para que te brinde una señal en sueños mientras duermes.
2. Pon los ingredientes mezclados en una tetera y agrega agua hirviendo; deja infusionar el té al menos 10 minutos antes de beberlo.
3. Otra opción consiste en esparcir una pizca de artemisa bajo la almohada, junto con un cristal de labradorita. Si quieres una alternativa superpotente, haz las dos cosas.

LUNA LLENA EN ARIES

La luna llena en Aries llega para cargarte de energía y darte ímpetu en un nuevo comienzo. Recibe esta energía con una mezcla de incienso para propiciar nuevos proyectos.

NECESITARÁS:
1 pizca de pétalos de rosa secos
1 pizca de raíz de orris en polvo
½ nuez moscada
9 gotas de aceite esencial de benjuí
mortero y mano
1 disco de carbón vegetal
plato resistente al calor
bolígrafo y papel

1. Muele todos los ingredientes en el mortero.
2. Enciende el disco de carbón en un plato resistente al calor (página 15) y pon una pizca del incienso en el carbón.
3. Escribe cuál es tu intención para el nuevo proyecto y léela en voz alta ante el humo.

LUNA LLENA EN TAURO

La luna llena en Tauro se centra en cuidar del dinero y garantizar la estabilidad económica. Usa el agua para regar una planta (mejor todavía si es una planta de albahaca).

NECESITARÁS:
sigilo de dinero y seguridad (página 26)
botella u otro contenedor que pueda contener
por lo menos 250 ml de agua
1 cristal de cuarzo citrino
2 cristales de aventurina

1. Prepara un sigilo de dinero y seguridad, y pégalo con cinta adhesiva a la botella que contiene el cuarzo citrino y la aventurina. Llena de agua la botella hasta que queden cubiertos los cristales.
2. Deja la botella toda la noche fuera, a la luz de la luna llena, para que se cargue.
3. Métela dentro antes de que amanezca.

LUNA LLENA EN GÉMINIS

La luna en Géminis aporta comunicación y conexiones. Para atraer a nuevos amigos, unge una vela naranja en sentido ascendente con Aceite de atracción (página 104). Esparce romero y sal alrededor de la vela.

También es el momento perfecto para celebrar la amistad creando un ritual de gratitud en grupo en el que beber té de artemisa y preparar juntos una mezcla de incienso.

**LUNA LLENA
EN GÉMINIS
(CONTINUACIÓN)**

NECESITARÁS:
*1 pizca de pétalos de rosa secos
1 pizca de lavanda seca
½ pizca de resina de incienso
½ pizca de resina de mirra
mortero y mano
2 o 3 discos de carbón vegetal (en función
del número de participantes)
plato resistente al calor*

1. Mezclad todos los ingredientes moliéndolos en el mortero: hacedlo por turnos, removiendo en el sentido de las agujas del reloj y pasando el mortero de uno a otro también en ese sentido.
2. Enciende los discos de carbón, ponlos en el plato resistente al calor (página 15) y, por turnos, id depositando encima pizcas de la mezcla de incienso, cogiéndoos las manos y expresando vuestra gratitud por la compañía del grupo.

**LUNA LLENA
EN CÁNCER**

Un momento para practicar el amor por uno mismo y celebrar aquello que nos gusta y nos hace felices de nosotros mismos.

NECESITARÁS:
*300 g de sal del Himalaya
5 gotas de aceite esencial de lavanda
5 gotas de aceite esencial de naranja*

1. Date un baño con la sal y los aceites esenciales de lavanda y naranja. O prepárate esta infusión (ingredientes para una tetera):

NECESITARÁS:
agua de luna (página 16)
1 ramita de romero fresco
1 pizca de semillas de hinojo
1 cucharadita de manzanilla seca

1. Mientras vas poniendo todos los ingredientes en la tetera, visualiza todo aquello que te gusta de ti.
2. Cuando tengas todos los ingredientes, añade agua hirviendo y déjalo infusionar todo al menos 10 minutos antes de beberlo.

También puedes preparar este tónico:

NECESITARÁS:
1 ramita de romero fresco
1 pizca de semillas de hinojo
cristal de cuarzo rosa
botella u otro recipiente que pueda contener
por lo menos 250 ml de agua

1. Pon las hierbas y el cristal de cuarzo rosa en la botella o jarra con agua filtrada. Cárgala a la luz de la luna llena y métela dentro antes del amanecer.
2. Cuela el agua para separar las hierbas y vuelve a echarla a la botella con el cuarzo rosa.
3. Puedes optar por beberte el agua de una vez o por guardarla para ir dando sorbitos, por usarla para preparar un té o por beberla cuando necesites darte un poco de amor y reafirmarte.

LUNA LLENA EN LEO

La luna llena llega a Leo para ayudarte a acceder a tu poder personal y desbloquearlo. Es el momento idóneo para mezclar un poco de Aceite de poder (página 75).

Haz un Sigilo de poder personal (página 26) y úngelo con Aceite de poder (página 75). Dedica un rato a memorizar tu poder de sigilo a la luz de la luna para que se incruste bien a fondo en tu subconsciente y puedas acceder a él en cualquier momento. Puedes optar por quemarlo o por empaparlo de la energía de la luna y llevarlo luego en el bolso o el bolsillo.

LUNA LLENA EN VIRGO

Los Virgo suelen ser (ligeramente) maniáticos del orden, así que es momento de aprovechar al máximo la energía de este signo y poner limpieza y orden en tu vida. Una infusión motivadora puede ayudar (ingredientes para una tetera).

NECESITARÁS:
2 cucharaditas de centella asiática (gotu kola)
1 tallo seco de citronela
1 cucharadita de menta seca
1 trozo de jengibre fresco

1. Mientras pones los ingredientes en la tetera, visualiza tu motivación para marcar como logrados los artículos de tu lista de cosas pendientes.
2. Añade agua hirviendo y déjalo infusionar todo al menos 10 minutos. Mientras te bebes la infusión, cierra los ojos e imagina la sensación que tendrás cuando hayas completado todas tus tareas. Cuando acabes la infusión, ponte manos a la obra.

LUNA LLENA EN VIRGO (CONTINUACIÓN)

Si te parece que con la infusión no es suficiente, combínala con este incienso para incitar a la acción:

NECESITARÁS:

1 pizca de milenrama
1 pizca de tomillo
9 gotas de aceite esencial de citronela
1 disco de carbón vegetal encendido
plato resistente al calor

1. Mezcla todos los ingredientes y ve echándolos sobre el disco de carbón encendido (página 15). Mientras se quema este incienso, observa el humo y experimenta la sensación de satisfacción que da tenerlo todo organizado y despejado.

LUNA LLENA EN LIBRA

Cuando la luna llena se encuentra en Libra es el momento de ver si tu vida está equilibrada. ¿Están alineadas tus energías masculinas y femeninas?

NECESITARÁS:

1 vela amarilla grande
11 gotas de aceite esencial de vetiver
11 gotas de aceite esencial de bergamota
1 trozo de cordel amarillo

1. Unge la vela con el aceite esencial de vetiver y el de bergamota, y átale el cordel alrededor. Enciende la vela durante 7 días y luego átate el cordel a la cintura.

LUNA LLENA EN ESCORPIO

La intensidad de Escorpio hace que este sea el momento ideal para abrazar tu energía sexual y conectar con tu pasión.

NECESITARÁS:
2 cucharadas de semillas de hinojo
2 cucharadas de hierba damiana
1 jarrita de vino tinto

1. Echa los ingredientes en la jarrita y déjala toda la noche a la luz de la luna llena para que se cargue. Métela dentro antes del amanecer y bébetela en alguna ocasión especial. Dura una semana.

LUNA LLENA EN SAGITARIO

La luna en Sagitario señala un periodo para abrirte a tu espíritu libre e inquisitivo y para fomentar la curiosidad. Es un muy buen momento para marcarse un objetivo de viaje.

NECESITARÁS:
sigilo escrito en una hoja de laurel (página 26)
8 gotas de aceite esencial de menta
vela
brújula

1. Memoriza el sigilo para que se te quede grabado en el subconsciente. Úngelo con el aceite esencial de menta.
2. Localiza con la brújula la dirección del lugar a donde quieres viajar y quema el sigilo sujetándolo sobre la llama de una vela en esa dirección.

PARTE 2

HECHIZOS

Y

POCIONES

DECLARACIÓN
MAGNÉTICA

NECESITARÁS:
*bolígrafo y papel
3 magnetitas (si no las consigues,
puedes usar tres imanes redondos
pequeños)*

Cuando trabajas con piedras de magnetita, usas su poder magnético para atraer aquello que quieres hacia ti.

Escribe en un papel tu declaración de intenciones y colócalo entre los imanes para atraer tus deseos. Puedes ungirlo con Aceite de atracción (página 102) si quieres conferirle más potencia.

FUNDAMENTOS

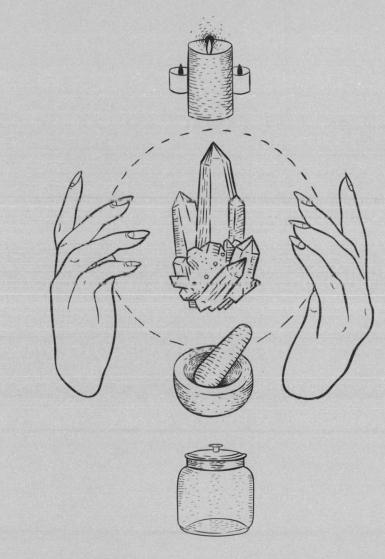

BENDICIÓN MATINAL A LOS ESPÍRITUS GUÍAS

NECESITARÁS:

1 tallo de 3 cm de lavanda seca (o 1 pizca de lavanda molida)
1 pizca de resina de incienso
7 gotas de aceite esencial de bergamota
cuenco para mezclar
disco de carbón vegetal
plato resistente al calor

¿Hay algo mejor para empezar el día que haciendo una ofrenda a todos nuestros guías y animales espirituales? Usa esta bendición para ofrecerles tu amor y agradecerles que estén siempre ahí para ayudarte.

1. Mezcla la lavanda, la resina de incienso y el aceite esencial de bergamota en un cuenco pequeño, removiendo en el sentido de las agujas del reloj, y mientras lo haces concéntrate en lo invisible y en las energías que te rodean y que te brindan su apoyo cada día.

2. Enciende un disco de carbón, ponlo en un plato resistente al calor (página 15) y ve echándole poco a poco pizcas de la mezcla. Mientras lo haces, inhala el amor de las energías que te rodean y exhala tu amor por ellas. Agradéceles su apoyo y deséales que pasen un día estupendo; deséatelo a ti también.

FORMULA

ESTE HECHIZO

DESPUÉS DE TU

ASEO MATINAL

Y VÍSTETE

PARA LA

OCASIÓN

HECHIZO DE LIMPIEZA MÁGICA

NECESITARÁS:
1 pizca de romero seco
1 pizca de salvia seca
mortero y mano
cuenco para mezclar
3 gotas de aceite esencial de incienso
disco de carbón vegetal
plato resistente al calor

Este hechizo funciona a modo de lavado espiritual de manos y de cualquiera de los útiles o cristales que uses para tus hechizos. Es como una manera mágica de lavar los platos. Elimina la negatividad y ahuyenta las malas vibraciones y, además, funciona como una ofrenda para bendecirte y protegerte a ti y a tu parafernalia mágica.

1. Mezcla el romero y la salvia moliéndolos en el mortero. Cuando estén bien molidos, pasa la mezcla a un cuenco y añádele el aceite esencial de incienso.
2. Mezcla el aceite y las hierbas con un dedo y, mientras lo haces, visualiza una energía de luz blanca que limpia y purifica; luego pon las manos sobre el cuenco, cierra los ojos y hechízalas, bendiciéndolas con tu propósito de purificación.

3. Enciende un disco de carbón y ponlo en el plato resistente al calor (página 15). Vierte el aceite en el disco. Cuando salga el humo, sahúma las manos y cualquiera de los instrumentos que desees limpiar; puedes hacerlo antes o después de elaborar tus pociones.

HECHIZO PARA
SUPERAR LA ANSIEDAD

NECESITARÁS:
bolígrafo y papel amarillo o blanco
1 pizca de milenrama seca
1 pizca de tomillo seco
1 vela

Este es un hechizo rápido que consiste en pasarles tus preocupaciones a las hierbas, que te enviarán amor y curación para que superes aquello que te causa ansiedad.

1. Pon tus preocupaciones por escrito en una hoja de papel amarillo o blanco, esparce un poco de milenrama y tomillo en el centro, y visualiza cómo estas potentes hierbas disipan tus ansiedades.
2. Dobla el papel tres veces y quémalo en la llama de una vela, mirando hacia donde se pone el sol.

TÉ
ANTIANSIEDAD

PARA UNA TETERA
NECESITARÁS:

2 cucharadas de raíz de valeriana seca
3 cucharadas de manzanilla deshojada
2 cucharadas de melisa seca
5 cristales de cuarzo rosa (para guardarlos con
las hierbas y lograr mayor consuelo)

Esta infusión conviene beberla en la cama a la hora de acostarse. Lo ideal es tomarla después de darse un baño con los cinco cristales de cuarzo rosa.

1. Pon los ingredientes en una tetera y añádeles agua hirviendo. Déjalo infusionar todo al menos 10 minutos antes de beberlo. Mientras vas dando sorbitos al te, cierra los ojos y sé consciente de que esos sentimientos pasarán. Cierra los ojos, respira lentamente y, mientras sorbes despacio la infusión, intenta centrar tu pensamiento en recordar cómo estabas antes de sentirte así. Percibe que tus guías te rodean y te dan un fuerte abrazo: te brindan su energía para ayudarte a superar esos sentimientos.

2. Coloca los cinco cristales de cuarzo rosa en un tarro con las hierbas para conservarlas y activarlas.

HECHIZO PARA PROPICIAR UN CAMBIO

Este hechizo es perfecto para cuando notes cierto bloqueo o cuando haya alguna situación en tu vida que avanza demasiado despacio y quieras darle un empujoncito.

1. Pon por escrito algo que te gustaría cambiar de tu vida.
2. Busca un roble.
3. Siéntate bajo el árbol y visualiza aquello que pretendes cambiar.
4. Entierra el papel escrito debajo del árbol.
5. Déjale una ofrenda al árbol, como un cristal o un trozo de tarta.
6. Arranca una hoja del árbol (acuérdate de pedirle permiso antes) y llévala siempre encima (o déjala en tu altar debajo de un cristal de ojo de tigre).

CONCIENCIA
PSÍQUICA

Si con tu tercer ojo ves un poco borroso, frótate una ramita de romero fresco en las sienes para obtener un poco de orientación psíquica (si recoges tú el romero, acuérdate siempre de pedirle permiso a la planta antes de hacerlo).

EL TERCER OJO

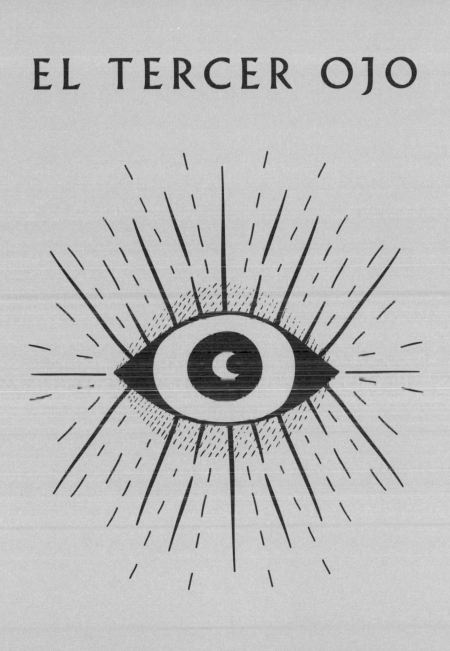

PREGUNTA RÁPIDA A TU INTUICIÓN

NECESITARÁS:
3 gotas de aceite esencial de incienso
1 hoja de laurel fresco
mortero y mano
disco de carbón vegetal
plato resistente al calor
bolígrafo y cuaderno

Este hechizo es perfecto para cuando necesitas ponerte en contacto con tu intuición. Recuerda siempre que si preguntas algo es probablemente por algún motivo y que tu primera impresión sobre la situación seguramente es la correcta.

1. Vierte el aceite de incienso sobre la hoja de laurel. Mientras frotas el aceite, piensa en tu pregunta o, mejor aún, formúlala en voz alta.
2. Muele la hoja de laurel en el mortero, removiendo en el sentido de las agujas del reloj. Pon el disco de carbón encendido en el plato resistente al calor (página 15) y echa el laurel molido por encima.
3. Inhala el humo y sírvete de tu tercer ojo para visualizar la respuesta a tu pregunta. Ten a mano bolígrafo y papel para anotar los mensajes que puedas recibir.

TÉ
PSÍQUICO

**PARA UNA TETERA
NECESITARÁS:**
*1 cucharadita de raíz de pétalos de rosa secos
½ cucharadita de té de jazmín
1 pizca de tomillo seco
1 cucharada colmada de artemisa (no tomarla durante el embarazo)
½ pizca de hebras de azafrán (no son indispensables,
pero aportan mucho superpoder)
bolígrafo y cuaderno*

Este es un té para tomar a la hora de acostarse y luego irse a dormir dejando al lado de la cama un cuaderno y un bolígrafo. Funciona mejor si planteas una pregunta concreta, que pude ser algo como: «¿Dónde conoceré a mi futura pareja?», «¿Me conviene cambiar de trabajo?» o «¿De qué ámbitos de mi vida debería ocuparme mejor?».

Cuando te levantes por la mañana (o en mitad de la noche), cierra los ojos, intenta desconectar de tu cerebro consciente y anota tus pensamientos, por raros que sean. Si la infusión te hace efecto instantáneamente, escribe de inmediato lo que te pase por la cabeza.

Pon todos los ingredientes en la tetera y añade agua hirviendo. Luego déjalo infusionar durante al menos 10 minutos antes de beberlo.

MEZCLA DE INCIENSO DE VIAJE ASTRAL

NECESITARÁS:

1 pizca de canela molida
1 pizca de resina de incienso
mortero y mano
disco de carbón vegetal
plato resistente al calor

Puedes quemar esta mezcla de incienso antes de acostarte y seguir las mismas instrucciones que en el Té psíquico de la página 63. La mezcla puede usarse sola, pero si quieres propiciar un superdespertar psíquico, quémala mientras te tomas el té.

Muele los ingredientes en el mortero. Enciende un disco de carbón, ponlo en un plato resistente al calor (página 15) y quema la mezcla en la mesilla de noche.

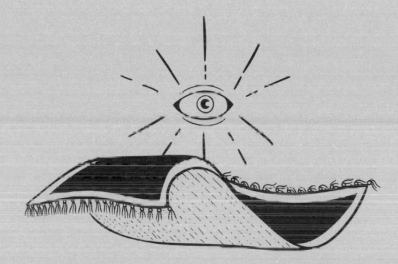

ACEITE
DE CORAJE

NECESITARÁS:
1 cristal de cuarzo ahumado
1 pizca de tomillo seco
1 pizca de milenrama seca
5 gotas de aceite esencial de geranio
20 ml de aceite de base (el que prefieras)
frasco o botella de vidrio
1 pizca de raíz de orris y otra de romero, secos (opcional)
disco de carbón vegetal y plato resistente al calor (opcional)

Este aceite es ideal para preparar una entrevista de trabajo o una charla en público. Úntate el aceite o lleva contigo el frasco.

1. Pon todos los ingredientes en una botella o frasco y, antes de cerrarlo, sopla dentro para meter también tu intención y tu visualización.
2. Para darle más poder y conferirle un poco de dominio y control a este hechizo, enciende un disco de carbón, ponlo en un plato resistente al calor (página 15) y quema una pizquita de raíz de orris y otra pizca generosa de romero en el carbón. Carga el frasco del hechizo sahumándolo siete veces.

CORAJE

ACEITE PARA GANAR CONFIANZA EN LA VOZ INTERIOR

NECESITARÁS:
9 gotas de aceite esencial de tomillo
1 pizca de milenrama seca
100 ml de aceite de base (de almendra o jojoba)
1 cristal de crisocola
frasco de vidrio u otro contenedor

Cuando necesites una dosis inmediata de coraje, prueba con ese hechizo.

1. Pon todos los ingredientes en un frasco y déjalos a la luz de la luna para cargarlos (hacerlo con luna llena es lo mejor, pero puesto que este hechizo está pensado para que surta efecto rápido, no te preocupes si tienes que realizarlo cualquier noche). Recuerda meterlo en casa antes de que amanezca.
2. Úngete con el aceite y lleva el cristal en el bolsillo.

CORAJE PARA AVANZAR EN LA BUENA DIRECCIÓN

NECESITARÁS:

1 cucharadita colmada de aceite de coco
5 gotas de aceite esencial de hierbabuena
cuenco con agua caliente

Si algún asunto te provoca sentimientos encontrados y tienes que tomar una decisión al respecto ese mismo día, formula este hechizo por la mañana para que te ayude a decidirte.

1. Pon el aceite de coco en un cuenco con agua caliente y mézclalo con el aceite de hierbabuena removiendo en el sentido de las agujas del reloj.
2. Masájeate los pies con la mezcla caliente para ganar confianza y avanzar en la dirección correcta.

CRISTAL DE BENDICIÓN PARA EL CORAJE

NECESITARÁS:

1 cucharadita de milenrama seca
½ cucharadita de semillas de hinojo
1 pizca generosa de pétalos de rosa secos
mortero y mano
10 gotas de aceite esencial de tomillo
100 ml de aceite de almendras
frasco o botella de vidrio
1 cristal de cuarzo citrino o ahumado (o ambos)

Este aceite es genial para aquellos momentos en los que algo te provoca nerviosismo, como una entrevista de trabajo, una conversación peliaguda o una charla en público. Úngete con él, añádelo al agua del baño o anota en un papel aquello para lo que necesitas coraje y úngelo con el aceite. Si lo que te preocupa es una carta que tienes que escribir, unge el bolígrafo con el que vas a redactarla.

1. Muele las hierbas y los pétalos de rosa en el mortero y, mientras lo haces, visualízate actuando y hallando el coraje para actuar.
2. Pon los aceites en un frasco o una botella y luego añade la mezcla de hierbas.

3. Susúrrale tus intenciones al cristal, ponlo en el frasco o la botella y cierra la tapa.
4. Deja reposar la mezcla toda la noche para que el cristal se cargue con todos los superpoderes de las hierbas. Cuando te parezca que ya está listo, saca el cristal del recipiente y tenlo a mano. Esta mezcla puede guardarse y volverse a usar para cargar los cristales. También se pueden añadir las hierbas y aceites al agua del baño para cargarlo de superpoderes.

HECHIZO DEL GUERRERO

○

NECESITARÁS:

1 cristal pequeño de cuarzo citrino
3 pizcas de tomillo seco
1 trocito de jengibre fresco (del tamaño de una uña)
trozo de tela roja
hilo rojo
aguja de coser
mechón de tu cabello

1. Pon el cristal de cuarzo citrino, el tomillo y el jengibre sobre la tela roja para cargarlos de superpoderes.
2. Invoca a cualesquiera guías espirituales o energías guerreras para que vengan a ayudarte a cargar y bendecir tu hechizo.
3. Pon las manos sobre la mezcla y siente la energía de los guías que vienen a prestarte sus poderes guerreros de coraje y fortaleza.
4. Confecciona una bolsa mojo (página 18) cosiéndola en el sentido de las agujas del reloj. Cuando hayas dado la última puntada y te falte solo cerrar, sopla en su interior para que contenga tu intención y tu energía y fortaleza guerreras. Mete un mechón de tu cabello en la bolsa mojo para reforzar la conexión contigo. Termina de coserla, ciérrala y llévala encima todo el tiempo.

Poder extra: echa unas gotas de aceite esencial de tomillo en la bolsa y podrás inhalar su aroma cada vez que necesites a tu guerrero interior.

ESTE TÓNICO TE PREPARARÁ PARA CUANDO NECESITES

LA FUERZA DE UN GUERRERO

GENIAL

PARA CUANDO

TIENES QUE PEDIR

UN AUMENTO

DE SUELDO

ACEITE DE PODER PERSONALL

NECESITARÁS:
3 pizcas de tomillo seco
1 trocito de jengibre fresco
9 gotas de aceite esencial de naranja
100 ml de leche de almendras
1 pizca de raíz de orris
1 cristal de amatista
frasco o botella de vidrio

Esta mezcla es perfecta para ayudarte cuando tienes la sensación de haber perdido la voz o te cuesta hacerte oír (es genial para pedir un aumento de sueldo, por ejemplo), para ayudarte cuando rechazas hacer algo que no quieres o a levantarte de la cama esos días en los que no logras reunir fuerzas para nada.

También puedes ungir cristales y cualquier otra declaración de intenciones o sigilo con este aceite. Prepara un buen frasco, porque siempre va bien tenerlo a mano y, al igual que ocurre con el buen vino, mejora con el paso del tempo.

1. Mete todos los ingredientes en un frasco o botella y sopla para introducir también tu intención antes de poner la tapa.
2. Puedes ponerlo a la luz de la luna llena el tiempo que quieras para cargarlo.

HECHIZO PARA AMARTE Y EMPODERARTE

NECESITARÁS:

2 pizcas de pétalos de rosa secos
1 pizca de tomillo, de milenrama y de romero, secos
5 clavos de olor
1 pizca de canela molida
1 pizca de resina de incienso y otra de resina de mirra
mortero y mano
disco de carbón vegetal
plato resistente al calor

Este es un hechizo que sirve para ahuyentar las voces negativas de nuestra mente, las que hacen que nos comparemos con los demás, nos hablan en tono negativo y nos hacen sentir que no somos suficientemente buenos.

Es también un hechizo genial para formularlo justo antes de hacer alguna declaración de intenciones, porque cuando declaras tu intención desde una posición de amor por ti mismo sabes exactamente qué cosas debes invocar. Si te sobra un poco, guárdalo con un cristal de cuarzo rosa al lado de tu cama. También es un bonito hechizo para hacer con amigos.

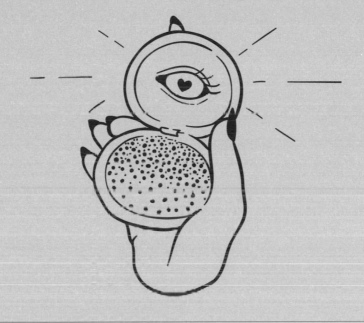

1. Mezcla todas las hierbas y resinas, moliéndolas en el mortero en el sentido de las agujas del reloj y pensando en el amor que te rodea. Siente que tus espíritus guías te cierran los ojos, te dan una palmadita en el hombro y te susurran al oído lo maravilloso que eres y que estás aquí porque el universo te necesita.
2. Enciende un disco de carbón en un plato resistente al calor (página 15) y ponle encima una pizca de las hierbas mientras dices «Yo valgo mucho».
3. Los días siguientes a la formulación de este hechizo, presta atención a cualquier señal que te pueda mandar el universo.

TOMA DE DECISIONES

NECESITARÁS:
1 vela azul
7 gotas de aceite esencial de romero

Este es un antídoto para la indecisión. Reconoce el primer sentimiento que notes en tus entrañas. Si sigues teniendo dudas, recurre al péndulo y al tablero que aparece en la página 34.

1. Unge la vela con el aceite esencial de romero en sentido ascendente.
2. Enciende la vela y observa fijamente su llama. Concéntrate en aquello sobre lo que tienes que decidir y piensa en los posibles resultados; fíjate en cómo oscila la llama para obtener tu respuesta.

TÉ PARA CONSULTAR CON LA SABIDURÍA PROPIA

PARA UNA TETERA NECESITARÁS:

1 cucharadita de salvia seca
1 cucharadita de menta seca
1 cristal de ojo de tigre

Todas las respuestas que necesitas las tienes en lo más profundo de ti, así que deja que esta infusión te guíe hasta tu sabiduría profunda.

Si tienes una pregunta concreta, anótala en un papel antes de beberte el té. Haz unas cuantas respiraciones largas y profundas, y luego bébete la infusión despacio, a sorbitos, cierra los ojos y entabla una conversación afectuosa y seria con tu sabiduría interior.

Deja que el té acalle tu voz crítica en esa conversación y conecta con tu sabiduría interior sabiendo que solo te hablará desde una posición de amor y apoyo.

1. Pon los ingredientes en una tetera y añade agua hirviendo; luego déjalo infusionar todo al menos 10 minutos.
2. Bébete el té despacio mientras mantienes agarrado tu cristal de ojo de tigre.

EL GUARDAESPALDAS

NECESITARÁS:

150 ml de aceite de almendras
9 gotas de aceite esencial de bergamota
9 gotas de aceite esencial de salvia
frasco o botella de vidrio
1 cristal de turmalina negra

La labor de los guardaespaldas es proteger a sus clientes de todo daño. Permanecen a la sombra, calmados y serenos, y hacen que aquellos a quienes cuidan se sientan seguros. Ahuyentan cualquier vibración negativa que surja en tu camino.

1. Mete los aceites en el frasco o la botella, ponle la tapa y agítala; luego añade el cristal. Deja reposar la mezcla toda la noche para que se cargue (mejor si hay luna llena).
2. Frótate las manos con este aceite para lograr una protección máxima.

PROTECCIÓN

HECHIZO PROTECTOR HOODOO DE CASCARILLA

NECESITARÁS:
6 cáscaras de huevo lavadas
5 pizcas de salvia seca
3 pizcas de Sal negra (página 17) para
darle más poder (opcional)
mortero y mano
bolígrafo y papel

La cascarilla es un polvo hecho a base de cáscara de huevo molida hasta darle una consistencia de arena fina. Su uso procede de la tradición mágica *hoodoo* y de la santería, en las que se cree que la delicada cáscara del huevo alberga potentes poderes protectores capaces de preservar la vida que contiene. Este hechizo le aporta fuerza añadida a cualquier otro hechizo de purificación. Para lograr mayor superpoder, esparce la sal en forma de círculo en torno a la fotografía o el papel y luego enciende cinco velas blancas a su alrededor. Recuerda pedir permiso siempre antes de formular un hechizo dedicado a otra persona.

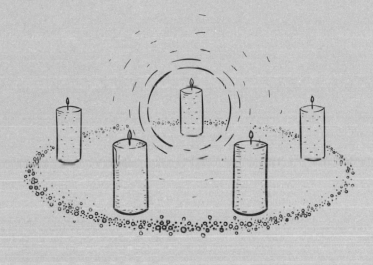

1. Muele todos los ingredientes en el mortero hasta que quede un polvo fino. Invoca y visualiza una luz blanca protectora.
2. Puedes esparcir la mezcla alrededor de tu casa o ponerla en el umbral para protegerla o usarla con una foto de alguien que necesite protección. Escribe el nombre de esa persona en un papel; si lo que necesita protección es una situación determinada, describe esa situación en el papel.

POCIÓN PROTECTORA RÁPIDA

NECESITARÁS:
1 cristal de cuarzo transparente
1 pizca de romero seco

Este es un remedio rápido que puedes preparar y guardar en una botella para poder llevarlo contigo y beber durante todo el día, lo que te brindará protección continua.

Echa el cristal y el romero en una botella de agua para beber y estar protegido sobre la marcha.

AMULETO PROTECTOR
PARA LAS VACACIONES

NECESITARÁS:

7 bayas de enebro
1 hoja seca de laurel
3 clavos de olor
1 pizca de salvia seca
1 cristal de amatista
1 pizca de Sal negra (página 17) para darle más poder (opcional)

Mete esto en tu maleta para que te proteja a ti y tus pertenencias durante el viaje. Es una idea estupenda para regalar a amigos.

1. Mezcla todos los ingredientes y añade tu intención de hacer viajes seguros y vivir aventuras increíbles.
2. Pon las hierbas en una bolsa para amuletos o en una bolsa mojo azul (página 18). Si el amuleto es para algún amigo, dile que meta dentro un mechón de su cabello para mantener la conexión.

HECHIZO PARA VIAJAR

NECESITARÁS:
foto del destino al que quieres viajar
brújula
frasco de Aceite de atracción (página 102)
magnetita (o un imán redondo)

Las vacaciones son una necesidad importante en esta vida. Sírvete de este hechizo para que te ayude a invocar tu próximo viaje.

Usa la brújula para calcular en qué dirección está el destino al que quieres viajar.

1. Pon la foto (o el nombre del destino escrito en un trozo de papel) orientada en la dirección hacia la que quieres viajar.
2. Unge la foto con el aceite de atracción.
3. Coloca la magnetita encima de la foto y déjala allí.
4. Puedes seguir añadiendo aceite de atracción mientras esperas a emprender tu viaje.

HECHIZO HOT FOOT PARA ECHAR A VISITANTES NO DESEADOS

NECESITARÁS:
1 dosis de Sal negra (página 17)
2 pizcas de pimienta de cayena
los zapatos de la persona que quieres que se marche

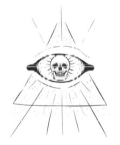

Usa este polvo *hot foot* de la tradición mágica *hoodoo* para expulsar a alguien de tu hogar. Advertencia: es un hechizo de efecto inmediato.

1. Mezcla la sal negra y la pimienta de cayena removiéndolas en sentido contrario al de las agujas del reloj.
2. Coloca los zapatos dirigidos hacia la puerta. Pon una pizca de la mezcla en cada zapato y prepárate para darle el abrigo a tu visita no deseada y decirle: «¡Adiós, muy buenas!».

POCIÓN DE ENERGÍA PROTECTORA PARA EMPÁTICOS

NECESITARÁS:
3 pizcas de semillas de hinojo
5 gotas de aceite esencial de vetiver
100 ml de aceite de base (el que prefieras)
frasco o botella de vidrio
1 cristal de labradorita

Si eres una persona empática, seguramente tienes tendencia a sintonizar con tu intuición y eres capaz de absorber energía y vibraciones de quienes te rodean. Eso puede dejarte un poco exhausto y para el arrastre o incluso provocarte resentimiento hacia quien se te ha acercado a conversar. Aquí tienes un hechizo para limpiar y recargar tu alma empática especial y para protegerte de los vampiros de energía.

1. Mezcla las semillas y los aceites en una botella o frasco de vidrio y luego añade el cristal.
2. Deja el cristal metido en la botella y úngete con el aceite como escudo protector para evitar empaparte de energías indeseadas y sentirte emocionalmente exhausto.

TRUCO DE VISUALIZACIÓN:

EN CASOS EXTREMOS, VISUALÍZATE RODEADO POR UN ESPEJO QUE REFLEJA CUALQUIER ENERGÍA NEGATIVA O AQUELLA ENERGÍA QUE NO DESEAS ABSORBER

BAÑO LIMPIADOR ESPIRITUAL

NECESITARÁS:
velas (mejor blancas, pero sirven de cualquier color)
1 pizca de salvia fresca o seca
10 gotas de aceite esencial de hierbabuena
150 g de sal del Himalaya o sulfato de magnesio
(cualquier otra sal sirve si no se dispone de estas)
cristales de cuarzo transparente
(la cantidad que quieras)
ropa blanca (opcional)

Hay ocasiones en las que se acumula la energía negativa y te deja exhausto. Darse un baño puede ser una manera espiritual de limpiar tu aura y despojarte de lo malo del día o de alguna energía cargante que sientes que estás acarreando.

Date un baño espiritual y sé consciente de que, cuando toda el agua se haya ido por el desagüe, se habrá llevado con ella esa negatividad que tanto te pesaba y se habrá abierto ante ti un nuevo principio.

1. Enciende unas velas y echa los ingredientes al agua del baño junto con los cristales. Sumérgete y visualiza una luz blanca limpiadora. Cuando salgas del baño, sé consciente de que el agua que se va por el desagüe se lleva consigo cualquier negatividad.
2. Después del baño, ponte ropa blanca (si lo deseas) durante las siguientes 8 horas como recordatorio de que te has limpiado y reiniciado.

Poder extra: Si te quieres limpiar de alguna cosa concreta, escríbela en un trozo de papel y quémalo en la llama de una vela negra antes del baño.

HECHIZO PARA REPELER NEGATIVIDAD Y MALEFICIOS

NECESITARÁS:
1 pizca de albahaca seca
1 pizca de pétalos de rosa secos
1 pizca de lavanda seca
1 hoja de laurel seca
1 pizca de romero seco
10 gotas de aceite esencial de eucalipto
cuenco para mezclar

A veces puedes tener la impresión de que estás sufriendo una racha de mala suerte o tal vez sientas que alguien está pensando en ti en términos negativos. O puede que hayas roto un espejo y notes que te embarga la superstición. Este hechizo te servirá para bendecirte a base de amor y protección, y para repeler cualquier negatividad. Cuando hayas ahuyentado la negatividad, te llenarás de energía. Piensa en qué tipo de energía quieres que te llene e invócala.

1. Mezcla todos los ingredientes en un cuenco.
2. Prepara un baño y echa las hierbas. Báñate durante 20 minutos, por lo menos.
3. Recoge la mezcla de hierbas de la bañera y entiérrala en un lugar alejado de tu casa. Si no puedes alejarte, tírala por el inodoro.

PARA EXPULSAR LA NEGATIVIDAD DE TU CASA

NECESITARÁS:

la piel de una cabeza de ajos
1 pizca de romero seco
1 pizca de salvia seca
1 pizca de comino
3 gotas de aceite esencial de eucalipto
mortero y mano

Muele las hierbas en el mortero en sentido contrario al de las agujas del reloj y luego quémalas para neutralizar cualquier gafe o maleficio.

HECHIZO PARA MERCURIO RETRÓGRADO

**PARA UNA TETERA
NECESITARÁS:**
*1 raíz de valeriana
1 cucharadita de extracto de cardo lechal
1 cucharadita de lavanda seca
1 vaina de vainilla, picada en trocitos
1 cristal de turmalina*

Cuando Mercurio entra en fase retrógrada, siempre pasan cosas raras. Puede que notes que las cosas se pierden, que los aparatos eléctricos se estropean y que experimentas ciertas dificultades para comunicarte. Es un buen momento para relajarse, bajar el ritmo y reevaluar todo aquello que ha ocurrido en tu vida. Reevaluar, reexaminar, revisar... y relajarse. Tómate por la noche este té que te ayudará a centrarte y a procesar lo ocurrido durante el día.

1. Pon los ingredientes, salvo el cristal, en una tetera y añade agua hirviendo. Déjalo que infusione al menos 10 minutos.
2. Bébete el té mientras sujetas con fuerza el cristal de turmalina. Ten a mano el cristal y bebe la infusión siempre que quieras hasta que Mercurio salga de la fase retrógrada y las cosas vuelvan a su cauce normal.

«TRANQUILIDAD, SOLO ES MERCURIO EN FASE RETRÓGRADA», NO DIJO NADIE NUNCA

HECHIZO PARA AHUYENTAR LA IRA

NECESITARÁS:
vinagre (suficiente para llenar el frasco por la mitad)
1 limón
1 puñado de sal (de cualquier clase,
así que usa tu favorita)
frasco o botella de vidrio
bolígrafo y papel
1 vela blanca

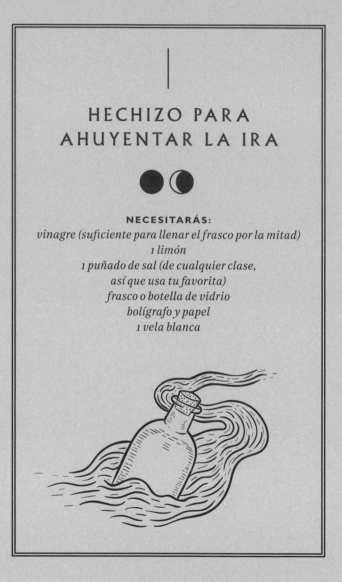

Expulsa tu ira y dile adiós muy buenas a tu rabia, que ya no te sirven de nada y están de sobra en tu vida.

1. Mezcla el vinagre, el zumo del limón (guarda la corteza para luego) y la sal en un frasco o una botella.
2. Apunta en un papel lo que te causa enfado. Mientras lo escribes, te recomiendo que grites, chilles, llores, le pegues a un cojín y des rienda suelta a tus emociones y a tu rabia.
3. Dobla el papel tres veces en dirección opuesta a ti e introdúcelo también en el frasco.
4. Deja reposar el contenido del frasco como mínimo 3 horas y luego saca el papel, enróscalo y mételo entre las dos mitades del limón exprimido.
5. Pon juntas las dos mitades del limón, vete a algún lugar alejado y entiérralas. Si no puedes alejarte, espera a que esté oscuro y ponlas en el cubo de la basura de un vecino o en una papelera de la calle. Mientras las tiras, sé consciente de que esa ira ya no es problema tuyo.
6. Enciende la vela blanca e invoca algo positivo en tu vida para que sustituya a esa ira que sientes que has expulsado. Cierra los ojos, visualízate en tu sitio preferido de la naturaleza e invoca amor y felicidad.

POCIÓN DE STOP

NECESITARÁS:
3 cucharadas de sal
1 cucharada de pimienta de cayena
120 ml de vinagre
el zumo de 1 limón
3 bayas de enebro
frasco o botella de vidrio
rotulador negro grueso
bolígrafo y papel

Usa este hechizo a modo de botón de *stop* espiritual. Recuerda que debes cerrar la puerta antes de poder abrir una nueva. Si quieres formular este hechizo para otra persona, asegúrate de pedirle permiso para hacerlo.

1. Pon todos los ingredientes en el frasco, salvo las bayas de enebro. Luego escribe en un papel aquello que quieres que se detenga.
2. Escribe la palabra «STOP» encima con un rotulador negro grueso.
3. Dobla el papel hasta que quede lo más pequeño posible, siempre en dirección opuesta a ti. Mete el papel en el frasco.

4. Estruja las bayas de enebro de una en una, gritando la palabra «STOP» cada vez que las machacas, y luego mételas en el frasco, consciente de que este ingrediente hará que desaparezca aquello que deseas que se detenga. Cuando sientas que ya está, normalmente al cabo de 3 días, saca el papel y quémalo orientándolo hacia poniente.

ACEITE
DE AMOR

◯

NECESITARÁS:

1 cristal de cuarzo rosa
1 puñado de pétalos de rosa secos
2 vainas de cardamomo
2 ramitas de canela
10 gotas de aceite esencial de rosa
1 pizca de salvia seca
200 ml de aceite de almendras
frasco o botella de vidrio

Este es un aceite multipropósito que puede usarse para todo tipo de amores (no solo amor romántico). Añádelo al agua del baño para invocar amor, unge con él las esquinas de una carta de amor o frótalo en el umbral de tu casa para atraer amor a tu hogar. Aplica esta poción generosamente y compártela con tus amistades para propagar vibraciones mágicas de amor a tu antojo.

Mezcla todos los ingredientes en un frasco o una botella y deja cargar la poción toda la noche bajo la luz de la luna llena. Métela en casa antes de que salga el sol.

AMOR

ACEITE DE ATRACCIÓN

NECESITARÁS:
20 ml de aceite de almendras
2 ramitas de canela
1 pizca de pétalos de rosa secos
9 clavos de olor
9 gotas de aceite esencial de
pachuli
9 gotas de aceite esencial de rosa
magnetita
frasco o botella de vidrio

Este aceite sirve para lo que su propio nombre indica: atraer. Funciona mejor si tienes a una persona concreta en mente. Siempre que pienses en alguien cuando conjuras un hechizo de amor, asegúrate de que se trata de la persona a quien de verdad quieres hechizar.

La única regla que sigo siempre en cuanto a los hechizos de amor es que si tienes que hacerlo de manera forzada, tal vez no sea lo que te conviene; ten en cuenta que podría haber por ahí alguien muchísimo mejor para ti.

Puedes usar este aceite para ungir la foto de alguien a quien quieras atraer, para ungir sigilos, declaraciones de intenciones por escrito, velas o cristales, para añadirlo al agua del baño o para untártelo tú cuando salgas alguna noche.

Mezcla todos los ingredientes en un frasco o una botella y deja cargar la poción toda la noche bajo la luz de la luna llena. Métela en casa antes de que salga el sol. Este aceite se puede usar para conferirle superpoderes de atracción a cualquier hechizo, pero resulta de especial eficacia en los hechizos de amor.

PARA

PONER UN POCO

DE DULZURA

Y AMOR

EN TU VIDA

MIEL
DE AMOR

NECESITARÁS:
1 trocito de jengibre fresco
1 tarro de miel
1 cristal de cuarzo rosa
1 puñado de pétalos de rosa frescos o secos
2 velas rojas

1. Corta por la mitad el trozo de jengibre y pon las dos mitades en el tarro de miel junto con el cristal.
2. Dispón los pétalos de rosa en círculo alrededor del tarro y enciende las dos velas, una a cada lado.
3. Deja que las velas ardan durante dos noches. Cómete la miel o úsala para endulzar el té y así atraerás el amor a tu vida.

AMOR, VEN A MÍ

NECESITARÁS:
1 pizca de pétalos de rosa frescos o secos
1 pizca de semillas de cardamomo
2 ramitas de canela
1 pizca de romero fresco o seco
mortero y mano
frasco o botella de vidrio
9 gotas de aceite esencial de pachuli
150 ml de aceite de almendras
(u otro aceite de base que prefieras)
2 cristales de cuarzo rosa
2 velas rosas

Este es un aceite para atraer amores de toda clase.
Durante las tres noches en las que arderá la vela,
asegúrate de que cuando sales de casa caminas con la
cabeza bien alta y los ojos bien abiertos para recibir el
amor que se dirige hacia ti. Para darle mayor
superpoder al hechizo, puedes usar el Aceite de amor
(página 100) para ungir las velas en sentido ascendente.

1. Muele en el mortero todas las hierbas y especias y encántalas con tus deseos.
2. Pon el aceite en un frasco o una botella, luego añádele la mezcla encantada y los cristales de cuarzo rosa.
3. Enciende las velas rosas a cada lado del frasco o botella y déjalas arder durante tres noches.
4. Usa el aceite para ungirte el cuerpo cuando necesites amor.

CON ESTE
PEQUEÑO
HECHIZO
ATRAERÁS A
UN AMANTE A
QUIEN TODAVÍA
NO CONOCES

TRÁEME
UN AMANTE

NECESITARÁS:

1 ramo de rosas rojas frescas
jarrón
1 cristal de cuarzo rosa
sobre

Después de haber formulado este hechizo, fíjate en cualquier posible conexión que surja. Sal por ahí, ve a una fiesta, a bailar, a ver si intercambias una mirada con alguien en el transporte público o mientras paseas por el parque. Puede que sea un buen momento para registrarte en alguna *app* de citas.

1. Sujeta el ramo de rosas contra tu corazón y envía tu amor al universo. Concéntrate en absorber amor al inhalar y en irradiarlo cuando exhalas.
2. Pon las flores en un jarrón con agua y echa dentro el cristal de cuarzo rosa para cargar las flores de amor universal.
3. Coloca el jarrón cerca de tu cama para que sea lo primero que veas cada mañana y lo último al acostarte por la noche. Recuerda oler las flores todos los días.
4. El quinto día, arranca los pétalos de las rosas, ponlos en un sobre y colócalo junto a tu almohada. Ten por seguro que el amor está a punto de llegar.

HECHIZO SEXUAL ARDIENTE

NECESITARÁS:
bolígrafo y papel
1 pizca de guindilla en polvo
1 vela roja

Este hechizo hará que tu amante enloquezca entre las sábanas...

Escribe el nombre de tu amante en una hoja de papel y esparce por encima la guindilla en polvo. Enciende una vela roja al lado y... ¡atención a lo que viene luego!

SUPERPODER EN LA CAMA

NECESITARÁS:
1 cristal de cuarzo ahumado
1 cristal de cornalina roja

Para cuando tú o tu amante necesitéis un poco de ayuda para desinhibiros.

Pon los dos cristales debajo de la almohada antes de acostaros y... ¡enloqueced!

HECHIZO PARA QUE TU AMANTE TE LLAME

NECESITARÁS:
bolígrafo y una hoja de pergamino o papel encerado
1 dosis de Aceite de atracción (página 102)

Este es un hechizo muy POTENTE. Si tu amante no te ha llamado al cabo de siete días, tómatelo como una señal de que el universo está de tu parte y de que una llamada de esa persona no te hará ningún bien.

1. Escribe nueve veces en una hoja de papel el nombre de la persona que quieres que te llame. Mientras lo haces, visualiza su llamada. Luego escribe tu nombre en el papel.
2. Unge las cuatro esquinas del papel con Aceite de atracción (en el sentido de las agujas del reloj). Cada vez que untes una esquina, di: «Llámame».
3. Pliega el papel tres veces en dirección a ti.
4. Pon el papel debajo de tu teléfono y espera la llamada.

VERSIÓN RÁPIDA

GUARDA EL CONTACTO DE LA PERSONA QUE QUIERES QUE TE LLAME PONIENDO SU NOMBRE DE PILA Y ESCRIBIENDO «LLÁMAME» EN EL APELLIDO. UNGE EL TELÉFONO CON ACEITE DE ATRACCIÓN Y VISUALIZA QUE ESA PERSONA TE LLAMA O TE MANDA UN MENSAJE

CURA PARA
EL CORAZÓN ROTO

NECESITARÁS:
5 granos de pimienta negra
1 pizca de semillas de comino
mortero y mano
lágrimas (opcional)
5 gotas de aceite esencial de rosa
disco de carbón vegetal
plato resistente al calor

Que te rompan el corazón es de las peores cosas que te pueden pasar y hace que te parezca que es el fin del mundo. Inhala el aroma curativo de este hechizo y sé consciente de que sirve para enviar mensajes de amor y atraer buenas vibraciones al corazón para que te recuperes.

1. Muele los granos de pimienta negra y las semillas de comino en el mortero hasta que quede un polvo fino.
2. Añade a la mezcla lágrimas (esto es opcional) que hayas derramado por quien te ha roto el corazón (también puedes mojarte los dedos con ellas cuando mezcles la pasta). Incorpora aceite esencial de rosa y mézclalo todo hasta que adquiera la consistencia de una pasta.

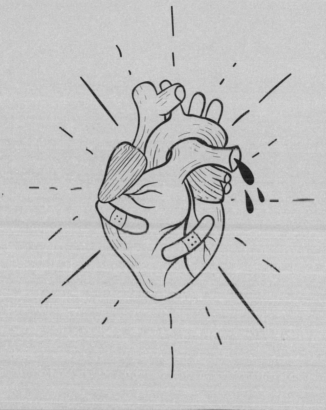

3. Enciende el disco de carbón en un plato resistente al calor (página 15) y ve echando pizcas de la mezcla en el carbón.
4. Siéntate y observa el humo. Deja que fluyan tus lágrimas mientras el humo asciende, sabiendo que al inhalar tu corazón estará recibiendo energía de amor curativo y que enseguida empezarás a sentirte mejor.

OLVIDAR A UNA EXPAREJA

NECESITARÁS:
*imagen de la persona a quien quieres olvidar
(o un papel con su nombre escrito)
retal pequeño de tela negra
3 pizcas de Sal negra (página 17)
hilo y aguja*

Este hechizo sirve para romper vínculos emocionales cuando quieres quitarte de la cabeza a una determinada persona.

1. Pon la foto de la persona o el papel con su nombre escrito en el centro de la tela negra y, con la mano no dominante, esparce por encima la Sal negra.
2. Cierra la tela cosiéndola, dile adiós y entiérrala lejos de tu casa (no en el jardín).

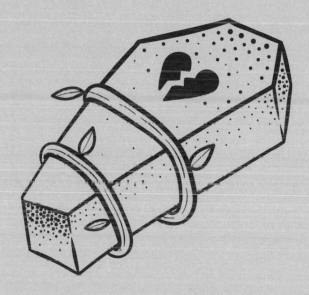

BAÑO DE RUPTURA Y LIBERACIÓN

NECESITARÁS:
9 pizcas de salvia seca
9 granos de pimienta negra
300 g de sal (la mejor es la sal del Himalaya, pero
puedes usar sal marina o sulfato de magnesio)
el zumo y la corteza de 1 limón
cuenco para mezclar
cristales de cuarzo transparente

Este es un baño renovador para librarte de malos recuerdos, relaciones nocivas y maleficios.

1. Pon la salvia, la corteza del limón y los granos de pimienta en un cuenco y mézclalos removiéndolos en sentido contrario al de las agujas del reloj.
2. Prepara un baño caliente y añade al agua los ingredientes mezclados y el zumo del limón. Sé consciente de que cuando salgas del baño te habrás limpiado del todo y habrás pulsado el botón de reinicio.

Poder extra: antes de meterte en el baño, escribe aquello de lo que te vas a librar en un papel y dóblalo tres veces en dirección opuesta a ti. Quémalo en la llama de una vela negra.

NO TENGO TIEMPO PARA ESTO (HECHIZO AHUYENTADOR RÁPIDO)

NECESITARAS:
bolígrafo y papel
1 vela negra

Este hechizo también puede formularse antes de hacer una declaración de intenciones. Recuerda que cada vez que repeles o ahuyentas algo, dejas espacio libre para atraer hacia ti alguna cosa positiva.

Escribe en un papel el nombre de la persona o la situación de los que quieres desprenderte y quémalo en la llama de una vela negra.

- Si no dispones de vela negra, puedes hacerlo con una de cualquier otro color.
- Si necesitas ahuyentar algo a toda prisa pero no dispones de ninguna vela, puedes desmenuzar el papel escrito, echarlo al inodoro y tirar de la cadena.
- Una alternativa es escribir el nombre de tu ex en un papel y ponerlo en una bandeja para cubitos de hielo, llenarla de agua y meterla en el congelador.

VELOCIDAD ESPIRITUAL

NECESITARÁS:
*3 granos de pimienta negra
1 pizca de resina de incienso
mortero y mano
disco de carbón vegetal
plato resistente al calor*

¡Con esto irás a toda marcha!

1. Muele todos los ingredientes en el mortero.
2. Enciende el disco de carbón en un plato resistente al calor (página 15) y quema la mezcla en el carbón para que te aporte velocidad en lo que hagas. Este es un hechizo que actúa de inmediato.

Nota: cuidado con esto cuando hay luna llena.

DINERO Y

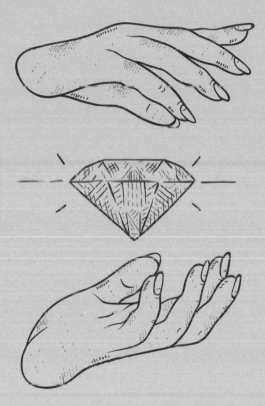

PROSPERIDAD

SUPERTRUCO:

NO LA
LLAMES LISTA
DE COSAS
PENDIENTES,
SINO LISTA
ACTIVA DE
LOGROS

SUPERMOTIVACIÓN

NECESITARÁS:
1 pizca de tomillo seco
1 pizca de romero seco
1 pizca de galangal seco
5 gotas de aceite esencial de citronela
mortero y mano
disco de carbón vegetal
plato resistente al calor

Este es un buen antídoto para la procrastinación y te ayudará a ir tachando cosas de tu lista de tareas pendientes.

1. Mezcla todos los ingredientes moliéndolos en el mortero.
2. Enciende el disco de carbón en un plato resistente al calor (página 15) y quema la mezcla.
3. Mientras la quemas, visualiza la sensación que tendrás cuando hayas terminado todas tus tareas. Mientras lo visualizas, escribe la lista de todas las cosas que tienes que hacer.

PARA ATRAER MÁS CLIENTES

NECESITARÁS:
1 ramita de canela
1 cucharadita de albahaca seca
5 clavos de olor
1 nuez moscada entera, rallada
mortero y mano

Este hechizo atraerá a nuevos clientes y compradores, que aportarán dinero a tu negocio.

1. Mezcla todos los ingredientes moliéndolos en el mortero. Visualiza el dinero como si fuera una energía que fluye libremente hacia tu vida.
2. Esparce la mezcla en torno a la puerta de tu casa, luego pon un poco en tu bolso o en tu bolsillo mientras visualizas tu futuro éxito.

SUPERTRUCO:

PON UN CUENCO

CON MONEDAS

JUNTO A LA

PUERTA DE

ENTRADA PARA

QUE EL DINERO

FLUYA HACIA TI A

TRAVÉS DE ELLA

HECHIZO ELEMENTAL DEL DINERO

NECESITARÁS:
5 clavos de olor
10 gotas de aceite esencial de albahaca
mortero y mano
1 vela verde

Los elementos ayudan aportándote un pequeño estímulo económico.

1. Muele los clavos en el mortero, removiendo en el sentido de las agujas del reloj, y luego añade el aceite esencial de albahaca. Encanta las hierbas pronunciando esta bendición: «El dinero es una energía y conlleva libertad y seguridad».

2. Repite esta bendición mientras unges la vela con la mezcla en sentido ascendente.

3. Pon objetos que representen a los elementos (página 23) en los puntos cardinales adecuados alrededor de la vela y déjala arder durante siete noches.

HECHIZO PARA OBTENER DINERO RÁPIDO

NECESITARÁS:
1 hoja de pergamino o de papel encerado
bolígrafo
1 dosis de Aceite de atracción (página 100)
1 piedra de magnetita o tres imanes (opcional)

No se trata de amasar mucho dinero, sino de conseguir dinero rápido. Verás como aparecen con rapidez pequeñas cantidades de dinero. Puede que te contraten para un trabajillo como autónomo o que encuentres dinero en un bolsillo, en un bolso viejo o debajo del cojín del sofá. Puede que hagas una venta rápida en eBay o que alguien que te debía dinero te lo devuelva.

1. Escribe en el pergamino o papel: «€€€ TU NOMBRE €€€».
2. Unge las cuatro esquinas del papel con el Aceite de atracción, siguiendo el sentido de las agujas del reloj. Luego pliega el papel tres veces en dirección a ti. Mientras lo haces, visualiza y pronuncia tres veces en voz alta: «Dinero, dinero, ven a mí».
3. Lleva el papel en el billetero o ponlo en el altar, debajo de una magnetita (o entre tres imanes).

HECHIZO PARA HACER CRECER EL DINERO

NECESITARÁS:

3 pizcas de pachuli seco
3 pizcas de pimienta de Jamaica molida
3 pizcas de albahaca seca
mortero y mano
1 moneda dorada o plateada
1 planta (que esté sana, sin hojas muertas)

Este hechizo es para jugar a largo plazo. A diferencia del hechizo de dinero rápido, puede que tengas que esperar a que la planta esté en plena floración. Pero no dejes que esto te desanime: recuerda que lo bueno siempre les llega a quienes saben esperar.

1. Muele en el mortero el pachuli, la pimienta de Jamaica y la albahaca, removiendo en el sentido de las agujas del reloj, mientras te concentras en tus intenciones.
2. Entierra la moneda hacia la mitad de la maceta de la planta y luego esparce las hierbas molidas por la superficie de la tierra.

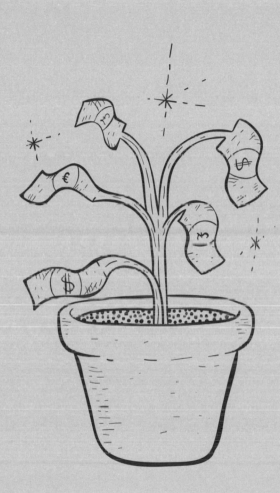

ACEITE PARA ATRAER EL DINERO

NECESITARÁS:

9 clavos de olor
3 pizcas de hierbabuena seca
3 pizcas de albahaca seca
1 hoja de laurel fresca con una flecha dibujada
apuntando hacia arriba
mortero y mano
frasco o botella de vidrio
30 ml de aceite de almendras
9 gotas de aceite esencial de pachuli
9 gotas de aceite esencial de cedro
3 monedas doradas
1 cristal de cuarzo citrino transparente

1. Mezcla todas las hierbas moliéndolas en el mortero.
2. Pon la mezcla de hierbas en la botella o el frasco, luego añade los aceites esenciales, las monedas y el cristal. Mézclalo todo removiendo en el sentido de las agujas del reloj.
3. Coloca las manos sobre el frasco o la botella y declara tus intenciones para este aceite: «Soy una persona próspera», «Tengo éxito», «La prosperidad fluye hacia mí en abundancia». Sopla dentro del recipiente para meter en él tus intenciones y ciérralo.

USA ESTE ACEITE PARA UNGIR CUALQUIER COSA: TU CAJA REGISTRADORA, LA PUERTA DE TU NEGOCIO, TU BILLETERO, CUALQUIER DECLARACIÓN DE INTENCIONES O TAMBIÉN CUALQUIER MEZCLA DE HIERBAS E INCIENSO QUE PREPARES

BAÑO PARA
ATRAER DINERO

NECESITARÁS:
9 clavos de olor
9 pizcas de manzanilla seca deshojada
3 pizcas de albahaca seca
6 monedas plateadas o doradas brillantes

Este baño te ayudará a sintonizar la frecuencia que necesitas para atraer dinero a tu vida. Antes de darte el baño, dedica un rato a pensar en aquello que te bloquea económicamente. ¿Sigues algún hábito o patrón que te impide recibir dinero y que debas reconocer antes de entrar en el agua? Si es así, escríbelo en un papel y quémalo (preferiblemente con una vela negra) antes de meterte en el baño. Manda vibraciones de amor y sanación para esa situación antes de entrar en el agua.

1. Abre el grifo de la bañera y, mientras corre el agua, añádele las hierbas y la infusión.
2. Cuando la bañera esté llena y lista para el baño, echa dentro las seis monedas. Cada vez que eches una moneda, declara tus intenciones.
3. Sumérgete en el baño y visualiza la seguridad y la libertad que conllevará la estabilidad económica que estás a punto de estrenar.

HUMO PARA ATRAER DINERO

NECESITARÁS:
1 pizca de albahaca seca
1 pizca de virutas de madera de sándalo
1 pizca de nuez moscada rallada
1 pizca de pimienta de Jamaica molida
mortero y mano
7 gotas de aceite esencial de jengibre
disco de carbón vegetal
plato resistente al calor
bolígrafo y cheque en blanco o talonario de cheques

1. Muele todas las hierbas y especias en el mortero, removiéndolas en el sentido de las agujas del reloj hasta que adquieran la consistencia de un polvo fino.
2. Luego añade el aceite esencial de jengibre y las virutas de sándalo y sigue removiendo.
3. Enciende el disco de carbón en un plato resistente al calor (página 15) y ve quemando la mezcla pizca a pizca sobre el carbón encendido.
4. ¡Fírmate un cheque a tu nombre! A medida que va ascendiendo el humo, sahúma el cheque para bendecirlo.
5. Guarda el cheque en un lugar seguro o métdelo en tu billetero y verás que el dinero no tardará en llegar.

EL HUMO PARA ATRAER DINERO HARÁ LLEGAR TUS INTENCIONES AL UNIVERSO; CUANDO TE FIRMES UN CHEQUE A TU NOMBRE, ESCRIBE SIEMPRE UNA CANTIDAD UN POCO MAYOR QUE LA QUE NECESITAS

SUERTE RÁPIDA

NECESITARÁS:
1 pizca de canela molida
1 pizca de menta seca
10 gotas de aceite esencial de pachuli
1 vela naranja

Este hechizo de suerte rápida te brindará buena fortuna de inmediato. Es genial cuando necesitas algo enseguida o cuando estás esperando una respuesta o unos resultados.

1. Muele juntas la canela y la menta, y añádeles el aceite esencial de pachuli.
2. Unge la vela con la mezcla en sentido ascendente y oriéntala hacia la salida del sol. Enciéndela tres mañanas seguidas al amanecer.

SUERTE

ACEITE
DE LA SUERTE

NECESITARÁS:
250 ml de aceite de almendras
10 gotas de aceite esencial de benjuí
10 gotas de aceite esencial de mirra
1 tira de corteza de naranja
1 ramita de canela
1 cristal de aventurina
frasco o botella y plato de vidrio
bolígrafo y papel o etiqueta adhesiva
2 velas verdes
2 cucharadas de romero seco
2 cucharadas de sal

1. Mezcla todos los aceites, la corteza de naranja y la canela en el frasco o botella de vidrio y luego añade el cristal de aventurina.
2. Escribe «ACEITE DE LA SUERTE» con letras mayúsculas grandes en el papel o etiqueta. También puedes dibujar cualquier símbolo de la suerte que quieras. Pega el papel al frasco, colócalo en el plato y enciende una vela verde a cada lado.
3. Esparce el romero y la sal alrededor del plato para que protejan a tu suerte. Deja encendidas las velas durante tres noches.

USA ESTE ACEITE PARA
UNGIR CUALQUIER
COSA QUE QUIERAS
QUE TE TRAIGA SUERTE:
LAS ESQUINAS DE UN
BILLETE DE LOTERÍA, TUS
ZAPATOS, LOS POMOS
DE LAS PUERTAS, TUS
CRISTALES O ECHA UNAS
GOTAS EN EL AGUA
DEL BAÑO

PARA ELIMINAR OBSTÁCULOS

NECESITARÁS:
1 pizca de pimienta de cayena
1 pizca de pimienta negra molida
1 pizca de sal
9 gotas de aceite esencial de enebro
1 vela negra

Formula este hechizo cuando la luna está en fase menguante para eliminar cualquier obstáculo que pueda surgirte en el camino.

1. Mezcla en un cuenco las especias y la sal, y luego añádeles el aceite esencial de enebro.
2. Unge la vela con la mezcla en sentido descendente y enciéndela media hora cada noche.

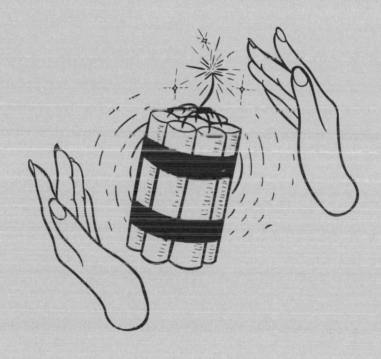

PARA ATRAER BUENAS NUEVAS

NECESITARÁS:
4 ases de una baraja nueva de cartas
225 g de arroz crudo
1 vela naranja
9 gotas de aceite esencial de pachuli
7 monedas doradas

Este hechizo funciona cuando estás esperando a que se tome una decisión, así como cuando has pasado por alguna racha de mala suerte y te vendría bien recibir buenas noticias. Fíjate en las señales que te manda el universo durante los siete días que dura el hechizo. Puede que percibas sincronicidades, como ver a menudo determinados números, o que encuentres plumas blancas... Cuando veas esas señales, sé consciente de que la magia funciona y que las buenas noticias están de camino.

1. Pon los cuatro ases bocabajo y esparce el arroz por encima.
2. Unge la vela en sentido ascendente con el aceite de pachuli.
3. Pon las monedas en círculo alrededor del arroz.
4. Coloca la vela en el centro del arroz y enciéndela siete noches seguidas.

SUERTE EN LOS EXÁMENES

NECESITARÁS:
1 cucharada de pimienta de Jamaica molida
1 nuez moscada entera, rallada
mortero y mano
3 pizcas de canela
los bolígrafos que vayas a usar en el examen

Este hechizo sirve para bendecir los bolígrafos que vayas a usar en un examen y para darte suerte.

1. Pon la pimienta de Jamaica y la ralladura de nuez moscada en un mortero y muélelas en el sentido de las agujas del reloj. Mientras lo haces, visualiza que conoces todas las respuestas correctas del examen.
2. Cuando adquieran la consistencia de un polvo fino, pásalas a un plato y encanta la mezcla poniendo las manos sobre ella y concentrándote en tu yo futuro y en lo que sentirás cuando recibas las mejores calificaciones en el examen. Espolvorea tus bolígrafos con la mezcla y déjalos toda la noche reposando para que se carguen de los poderes mágicos del hechizo.

Poder extra: formula este hechizo con luna llena para darle superpoderes.

HECHIZO PARA DESEARLE SUERTE Y BUENA FORTUNA A UN AMIGO

NECESITARÁS:

1 pizca de pimienta de Jamaica molida
2 pizcas de resina sangre de drago
1 pizca de virutas de madera de sándalo
disco de carbón vegetal
plato resistente al calor
imagen de tu amigo (o su nombre completo
escrito tres veces en un papel)
1 cristal de cornalina

1. Mezcla la pimienta de Jamaica, las virutas de sándalo y una pizca de resina sangre de drago. Enciende el disco de carbón en un plato resistente al calor (página 15) y quema la mezcla sobre el carbón encendido.
2. Sahúma la foto y el cristal de cornalina mientras envías tus mejores vibraciones. Cuando se disipe el humo, pon la foto, junto con la segunda pizca de resina sangre de drago y la cornalina, en dirección a la salida del sol.

Recuerda que siempre tienes que pedir permiso antes de dedicarle un hechizo a alguien.

MANDARLE
VIBRACIONES
POSITIVAS DE SUERTE
Y AMOR A UN
AMIGO ES ALGO MUY
HERMOSO (LA ONDA
EXPANSIVA QUE ELLO
GENERA HARÁ QUE TÚ
TAMBIÉN TE SIENTAS
GENIAL)

SAHUMAR Y
BENDECIR LA CASA

◐●◑◗○◖

Si no dispones de un sahumerio, quema salvia seca o unas gotas de aceite esencial de salvia sobre un disco encendido de carbón vegetal y sahúma el exterior de tu casa. Si vas a purificar una casa entera, empieza por la parte más alejada de la puerta de entrada y ve avanzando para recorrer todas las esquinas de cada habitación, empezando siempre por la esquina más alejada de la puerta. Termina de sahumar en la puerta de la casa. Mientras pasas el humo purificador, pronuncia unas palabras como: «Limpio este espacio de toda energía negativa», «La energía negativa no es bienvenida en este espacio», «De esta habitación desaparecen todos los malos recuerdos» o «Libro a este hogar de toda negatividad».

Una vez hecha esta limpieza es el momento perfecto para bendecir el lugar y llenar de vibraciones positivas el espacio que ha dejado libre la energía negativa. Quema hierbas y aceites en un disco de carbón vegetal como has hecho antes, pero esta vez empieza por la puerta de entrada y ve avanzando por la casa hasta la habitación que quede más alejada de la entrada. Mientras lo haces, puedes pronunciar frases como: «Bendigo este espacio con energía positiva y abundancia de amor, paz y alegría» o «Bendigo esta casa con prosperidad, salud y felicidad».

MEZCLAS DE INCIENSO PARA BENDECIR LA CASA

AMOR EN ABUNDANCIA

NECESITARÁS:
2 pizcas generosas de pétalos de rosa secos
1 pizca de sándalo
9 gotas de aceite esencial de pachuli

PROSPERIDAD Y PROTECCIÓN

NECESITARÁS:
1 pizca generosa de lavanda
1 pizca pequeña de romero
1 pizca de albahaca seca
9 gotas de aceite esencial de cedro

MEZCLAS PARA UN BAÑO DE SUERTE

●◗❿◖○◖

Enciende unas velas, mete tus cristales en el agua del baño y añade dos puñados generosos de sal marina, sal del Himalaya o sulfato de magnesio, además de alguna de las siguientes mezclas:

PARA OBTENER PAZ Y FELICIDAD:

5 gotas de aceite esencial de lavanda
5 gotas de aceite esencial de pachuli
cristales de cuarzo transparente, cuarzo rosa y amatista

PARA ATRAER VIBRACIONES DE AMOR:

5 gotas de aceite esencial de rosas
3 gotas de aceite esencial de incienso
pétalos de rosa, frescos o secos (opcional)
cristales de cuarzo rosa

PARA LOGRAR FELICIDAD Y ÉXITO:

5 gotas de aceite esencial de benjuí
5 gotas de aceite esencial de bergamota
cristal de cuarzo citrino (mantenlo sujeto y visualiza el éxito
que habrás conseguido dentro de un año)

PARA CONECTAR CON EL MOMENTO:

5 gotas de aceite esencial de lavanda
5 gotas de aceite esencial de cedro

DEDICAR TIEMPO
A HONRARSE Y
CUIDARSE A UNO
MISMO ES LA
MANERA IDEAL
DE RELAJARSE Y
DE ACTIVAR LAS
VIBRACIONES
ESPIRITUALES

GLOSARIO DE HIERBAS

ALBAHACA
Paz, felicidad, dinero, riqueza personal, suerte, protección, bendición.

ANÍS ESTRELLADO
Conciencia psíquica, abre el tercer ojo, proyección astral, suerte, ahuyenta el mal.

ARTEMISA
Se bebe para la proyección astral, protección y despertar del tercer ojo, que ayuda a concentrarse cuando se formulan hechizos.

BAYAS DE ENEBRO
Poder mágico, protección, control, acaba con situaciones negativas y estresantes.

BENJUÍ
Purificación, mitiga situaciones estresantes, repele la ira, añade rapidez y algo de empuje a los hechizos, es bueno para cuando sacamos una carta de tarot o de los ángeles. Propicia la energía y la concentración.

BERGAMOTA
Aporta felicidad, suerte, confianza, coraje y motivación.

CANELA
Bendición positiva para ti y tu hogar, amor, pasión, prosperidad, fuerza personal y conciencia psíquica.

CARDAMOMO
Coraje y suerte. Abre nuevos caminos, ayuda a conectar con el momento.

CEDRO
Éxito personal, riqueza, curación, sabiduría y equilibrio.

CITRONELA
Abre caminos, deshace bloqueos creativos e inspira la creatividad, aporta buena suerte en la comunicación.

CLAVOS DE OLOR
Suerte, coraje, fe en uno mismo, crecimiento personal, lujuria.

COMINO
Curación, protección, amor, lujuria, romper maleficios, nuevos comienzos, fuerza emocional.

EUCALIPTO
Purificación, limpieza, repele energías psíquicas negativas, curación y protección.

GALANGAL
Te ayuda a ponerte en acción y proporciona energía psíquica para ayudarte a empezar y a avanzar (así que cuidado con quemarlo de noche), poder mental, ayuda a la comunicación y a la fuerza de voluntad. Puede ayudar con visiones psíquicas.

HIERBABUENA
Nuevos comienzos, renovación personal, protección psíquica, liberación, curación, toma de decisiones.

HIERBA DAMIANA
Tomada en infusión, es afrodisiaca y abre el corazón. Al quemarla, abre portales psíquicos.

HINOJO
Coraje, protección, afrodisiaco, neutraliza maleficios y hechizos negativos.

HOJAS DE LAUREL
Protección, buena suerte, conciencia psíquica, propicia cambios positivos y aporta poder mágico a los hechizos. Son potentes mensajeras cuando llevan hechizos y sigilos.

INCIENSO
Ofrenda a los espíritus, limpieza espiritual, consagra instrumentos mágicos.

JENGIBRE
Romance, prosperidad, pasión, poder, puede usarse para acelerar hechizos.

LAVANDA
Felicidad, fuerza para las relaciones, conciencia psíquica, fortaleza interior, poder psíquico, paz, meditación.

LIMÓN
Nuevos comienzos, repele maleficios, limpieza.

MANZANILLA
Dinero, éxito, suerte, nuevos comienzos, amor.

MEJORANA
Protección, despertar psíquico, atrae el amor.

MILENRAMA
Conciencia psíquica, repele la negatividad, fidelidad en el amor, paz, disipa la ansiedad.

MIRRA
Vibraciones psíquicas, ofrenda a los espíritus, protección, bendición, curación. Incrementa el

poder de cualquier hechizo curativo.

NUEZ MOSCADA
Prosperidad, buena suerte, amor, poder psíquico.

PACHULI
Opera como un imán para que te ocurran cosas buenas. Prosperidad, amor, fertilidad.

PIMIENTA DE CAYENA
Elimina obstáculos y bloqueos, abre nuevos caminos, oportunidades y acelera las cosas.

PIMIENTA DE JAMAICA
Buena suerte, dinero, curación, ánimo. Aporta poder extra y buena energía a cualquier hechizo.

RAÍZ DE ORRIS
Ayuda a obtener poder personal y éxito. Comunicación con seres queridos y compañeros de trabajo, también sirve para atraer a un amante a tu vida.

ROSA
Amor, romance, amistad, lujuria, paz, felicidad, relajación, cuidado de uno mismo.

ROMERO
Protección, purificación, curación, poder mental, ayuda a conectar con tu intuición y tu tercer ojo, buena salud.

SALVIA
Curación, purificación, limpieza, repele la energía negativa, salud espiritual.

SÁNDALO
Curación, despertar de capacidades psíquicas, suerte, éxito, ofrenda a los espíritus, poderoso en hechizos relacionados con la luna. El humo del sándalo hace llegar tus deseos e intenciones al universo.

SANGRE DE DRAGO
Buena suerte superpoderosa, cumple deseos, incrementa la potencia y la atracción de suerte en cualquier hechizo.

TOMILLO
Fuerza, coraje, sabiduría. Te ayuda a conectar con tu voz interior y a confiar en ella. Atrae lealtad y amistad.

VETIVER
Paz mental, superar miedos, romper maleficios, repeler la negatividad.

ACERCA DE LA AUTORA

ACERCA DE LA ILUSTRADORA

Semra Haksever fue estilista de moda durante una década antes de convertirse en emprendedora bohemia y fundar Mama Moon, una línea propia de velas aromáticas y pociones mágicas. Semra organiza talleres de hechizos y ceremonias a la luz de la luna donde enseña a la gente a empoderarse y sentirse bien con la ayuda de un poco de magia.

Lleva veinte años practicando el reiki, la gemoterapia y los rituales lunares, y siempre ha albergado el deseo de crear instrumentos rituales que estén al alcance de todos. Este es su primer libro.

MAMAMOONCANDLES.COM

Nes Vuckovic es una ilustradora y artista plástica de origen bosnio y establecida en Chicago cuyo trabajo se centra principalmente en un dibujo de línea clara, la yuxtaposición surrealista y la figura femenina.

Se autoproclama «reina del pastel» y su trabajo, que suele remitir a sus raíces en el bordado o los tatuajes de tipo blackwork, deriva de su formación artística en la animación y la novela gráfica.

Es amante de las películas de terror de serie B, de la taxidermia y de la ciencia ficción y fanática acérrima del canal Lifetime Movies, del vino y del queso.

AGRADECIMIENTOS Y DEDICATORIAS

Este libro se lo dedico a todos mis amigos especiales, increíbles, atentos y mágicos que hay en mi vida. Gracias por compartir conmigo todos los buenos y los malos momentos, los que me han inspirado y me han hecho ser capaz de convertir la magia y la propagación de vibraciones cósmicas en mi profesión.

Un agradecimiento superespecial para Cairine, alias Ma, y Suwindi; sois mis hermanas del alma de hace muchas vidas, ambas me hacéis sentir querida, acogida y totalmente apoyada, siempre.

A mis Chronics, Ayala y GC, por animarme y darme su apoyo.

Otro agradecimiento emocionado va para este grupito mágico: Tarik, Anna, Alex, Jackson, Sam, Debs, The OMOS.

Amor a raudales para mi madre, que siempre me ha enseñado que soy capaz de hacer lo que desee, y una mención especial para mi bebé peludo, Dandy, que ha estado sentado a mi lado ronroneando a todo volumen mientras escribía este libro. Os quiero mucho a todos.

Y gracias a Kate por sintonizar con mi frecuencia mágica y preguntarme si querría escribir un libro. Y también al resto del equipo: Molly, Claire y Nes.

ÍNDICE ALFABÉTICO

La edición original de esta obra ha sido publicada en el
Reino Unido en 2018 por Hardie Grant Books con el título

Everyday Magic

Traducción del inglés: Darío Giménez Imirizaldu

Primera edición: *marzo de 2019*
Cuarta edición: *marzo de 2022*

Impreso en China
Depósito legal: B 4.431-2021
Código Thema: VXW (Misticismo, magia y rituales)

ISBN 978-84-16407-55-2